LA DIPLOMATIE
NON GOUVERNEMENTALE

Les ONG peuvent-elles
changer le monde ?

ÉDITIONS DE L'ATELIER
Paris

ÉDITIONS CHARLES LÉOPOLD MAYER
Paris

ÉDITIONS ÉCOSOCIÉTÉ
Montréal

ÉDITIONS D'EN BAS
Lausanne

ÉDITIONS GANNDAL
Conakry

ÉDITIONS JAMANA
Bamako

PRESSES UNIVERSITAIRES D'AFRIQUE
Yaoundé

ÉDITIONS RUISSEAUX D'AFRIQUE
Cotonou

ÉDITIONS DU SILENCE
Libreville

TARIK ÉDITIONS
Casablanca

*La collection « Enjeux Planète » est publiée
avec le concours et le soutien de l'Alliance des éditeurs
indépendants pour une autre mondialisation*

HENRI ROUILLÉ D'ORFEUIL

La diplomatie
non gouvernementale

Les ONG peuvent-elles
changer le monde ?

ENJEUX PLANÈTE

*Une collection mondiale
pour une autre mondialisation*

La révision et le suivi éditorial de ce livre ont été réalisés par l'équipe
des Éditions de l'Atelier (Paris) et sa mise en page par la société
Le vent se lève... (16210 Chalais), la maquette de couverture par
Alain Verstichel (Paris) avec le concours des autres éditeurs de la
collection. Le flashage, l'impression et la finition ont été effectués
par la Nouvelle Imprimerie Laballery (Clamecy).

Dépôts légaux : 1er trimestre 2006

ISBN 99919-53-41-8 (Bénin)

ISBN 2-912086-9956-444-07-3 (Cameroun)

ISBN 2-923165-21-7 (Canada)

ISBN 2-7082-3839-6 (France – Éditions de L'Atelier)

ISBN 2-84377-119-6 (France – Éditions Charles Léopold Mayer)

ISBN 2-912123-34-8 (Gabon)

ISBN 2-35045- (Guinée)

ISBN 2-915032-61-0 (Mali)

ISBN 9954-419-36-5 (Maroc)

ISBN 2-8290-0327-6 EAN 9782829003271 (Suisse)

Pour obtenir des informations sur la collection « Enjeux Planète », ses
éditeurs ou ses diffuseurs, contacter l'une des maisons d'édition parti-
cipantes (coordonnées p. 205 et suiv. de ce livre) ou l'Alliance des
éditeurs indépendants pour une autre mondialisation : 38, rue Saint-
Sabin, 75011 Paris, France ; site Internet : www.alliance-editeurs.org

ENJEUX  PLANÈTE

Une collection mondiale
pour une autre mondialisation

À un public de militants, d'étudiants, d'universitaires, de citoyens refusant d'assister, passifs, aux grandes évolutions du monde contemporain, la collection « Enjeux planète » propose des essais dans lesquels des auteurs des cinq continents traitent des différents défis liés à la mondialisation : ressources naturelles et défis climatiques, rapports Nord-Sud, aide au développement, violences urbaines, etc. Chaque ouvrage est porteur non seulement de diagnostics, mais aussi de propositions et de perspectives d'action.

Douze éditeurs francophones
pour « éditer autrement »

Pour publier des livres qu'ils aiment et pour montrer que l'on peut « éditer autrement », douze éditeurs francophones ont décidé de s'associer pour coéditer cette collection au Bénin, au Cameroun, au Canada, en Côte-d'Ivoire, en France, au Gabon, en Guinée, au Mali, au Maroc, en Suisse et en Tunisie.

« Le livre équitable » :
une expérience pionnière de commerce équitable

Le choix des titres à inclure dans la collection est effectué à douze, les textes sont édités et mis en pages selon une coordination tournante, par un éditeur « leader » épaulé de deux éditeurs « assistants », après un travail de révision collective, puis sont imprimés en une seule édition en Tunisie ou en France et expédiés ensuite aux éditeurs. Une règle de péréquation s'appliquant à la totalité des dépenses permet aux éditeurs d'Afrique subsaharienne et du Maghreb de ne supporter que des coûts très inférieurs à ceux pris en charge par les éditeurs du Nord : une expérience pionnière de commerce équitable dans le domaine du livre ! Du fait de cette solidarité commerciale, « Le livre équitable » vendu 15 euros en France, sera par exemple en vente à 8 euros au Maroc et à 5 euros au Cameroun. Selon les principes du commerce équitable, ce partenariat commercial entre éditeurs se fonde et se construit sur le dialogue, la transparence et le respect. Il permet aussi d'agir directement en faveur de l'accès au livre et de la démocratisation de la lecture. Les ouvrages ainsi produits sont identifiables grâce à la mention « Le livre équitable ».

Une alternative à la concentration financière
dans le monde de l'édition

Le plus souvent, les livres d'« Enjeux Planète » existent aussi en langue anglaise dans la série "Global Issues", animée par la maison Zed Books à Londres, et en langue portugaise dans la série « Questões Mundiais ». Des réseaux d'éditeurs de langue espagnole, arabe et chinoise ont d'ores et déjà exprimé leur souhait de se joindre à cette aventure. Cette collection sur les enjeux de la mondialisation est en passe de devenir une collection mondiale, non par le jeu de la concentration financière à outrance qui frappe actuellement le monde de l'édition, mais par un véritable partenariat international et solidaire.

La collection « Enjeux planète » est un des projets éditoriaux que soutient et anime l'Alliance des éditeurs indépendants (www. alliance-editeurs.org). Par la mise en place progressive d'un réseau international d'éditeurs, indépendants des grands groupes, qui se rencontrent régulièrement et travaillent ensemble à des projets éditoriaux, l'Alliance des éditeurs indépendants s'attache notamment à promouvoir des accords commerciaux justes et solidaires entre ses membres, en suscitant et développant particulièrement les processus de coédition.

L'enfer, ce n'est pas les autres. C'est refuser que l'autre soit autre. C'est s'imaginer qu'Internet suffit aux peuples pour qu'ils se comprennent et qu'ils s'admettent. C'est asservir l'autre en lui imposant suivant les cas sa puissance militaire, son business ou son terrorisme. Entre ces extrêmes, il faut se parler, vite, renouer les dialogues, se retrouver, sans tarder, autour d'autres mots, d'autres langages que ceux de la destruction.

Michel Sauquet
Un matin sur Babel, un soir à Manhattan,
Éditions Alternatives, 2001.

Sommaire

INTRODUCTION

Le citoyen et la construction du monde

LA PROVIDENCE a longtemps été considérée comme la force motrice de l'Histoire, celle qui conduisait l'humanité vers son achèvement, le Royaume de Dieu. Le point *oméga* du père Theilhard de Chardin, convergence ultime d'une évolution qui conduit le monde du naturel vers le surnaturel, n'est que l'une des dernières tentatives pour confier l'écriture de l'Histoire du monde à une main transcendante. Que celle-ci soit en deçà, au-dessus ou au-delà de l'humanité souffrante, ou qu'elle soit tapie au plus profond de chaque être humain, importe peu. Elle appelle les hommes et les femmes à participer à la création du monde, œuvre ébauchée par un dieu créateur dont l'achèvement revient à l'humanité et doit s'inscrire dans le logiciel divin. Les humains n'ont que le choix de collaborer ou de saboter, avec comme rémunération le paradis ou l'enfer. Toutes les religions ont fixé aux humanités des rendez-vous ultimes et leur ont donné, en échange d'une souffrance acceptée, l'espérance d'un royaume céleste.

Souvent, les philosophes ont bataillé aux côtés des hommes pour arracher aux théocrates un espace de liberté. Cependant – c'est le drame des tragédies antiques et classiques – aucun combat ne permettait aux pauvres humains, pris dans la nasse du destin, d'échapper aux forces surnaturelles. Nous sommes les enfants de Phèdre.

D'autres voix se sont élevées pour nous parler de la construction du monde. Quelques logiciels restent encore en piste, mais la Matière a pris le pas sur l'Esprit. Dans les bibliothèques universitaires, au rayon des théories générales, peu d'auteurs subsistent à l'épreuve du temps et de la science. Que nous reste-t-il ? La main invisible d'Adam Smith, le matérialisme dialectique de Karl Marx, l'origine des espèces et la sélection naturelle de Charles Darwin et, à l'échelle du chromosome, le hasard et la nécessité de Jacques Monod... Au fond, ces mains invisibles sont toutes affaire de compétition, de sélection, de lutte d'espèces ou de classes. Plutôt que des royaumes, elles nous annoncent des jungles éternelles ! De fait, les promesses laïques n'ont pas non plus été tenues et nous sommes aujourd'hui orphelins des pensées uniques et définitives.

Depuis quelques décennies, nous entendons des voix nous prédire le pire, la fin du monde. René Dumont, hier encore, en appelait à l'utopie pour éviter la mort promise à l'humanité et à la planète. Il en appelait aussi à la lutte. Et c'est là que, conscients des enchaînements mécaniques, des limites qui barrent la route à l'humanité, et de la possibilité de s'introduire dans le champ des forces où se mijote l'Histoire, des citoyens se posent eux-mêmes la question de la construction du monde et entrent en jeu. Ils le font plus bruyamment aujourd'hui, mais cette implication est une vieille histoire.

Des sujets aux citoyens

Les sujets ne sont pas devenus des citoyens par la volonté des pouvoirs institués. Pour exister, ils ont dû conquérir et coloniser un « espace d'initiatives citoyennes », séculariser la vie sociale, affirmer l'existence d'une société civile. Peu importe si les concepts sont flous comme le sont les frontières de cet espace d'initiatives. Il s'agit d'une bataille qui n'a que très récemment pu institutionnaliser ses victoires. Si nous y voyons plus clair aujourd'hui, c'est parce que, dans nos pays, nous pouvons nous appuyer sur des droits qui n'ont été acquis qu'au tournant des XIXe et XXe siècles. Ces intuitions ou ces notions, aussi vieilles qu'Aristote, n'ont trouvé leur place dans notre droit qu'au début du siècle dernier et, ce faisant, elles ont fondé la vie démocratique.

La lutte pour la création ou pour la conquête de cet espace d'initiatives citoyennes est donc une histoire ancienne. En Europe, les premières victoires donnent un coup de grâce au Moyen Âge et au monopole qu'exerçait le couple « seigneur-évêque » sur la vie sociale. Les ligues de cités, notamment la ligue des cités lombardes, fondée en 1167, créent un espace dans l'ordre féodal, un espace entre le seigneur et l'évêque qui va permettre de créer et d'accumuler des richesses qui vont devenir indispensables aux deux pouvoirs dominants. C'est dans les cités italiennes que prospèrent les idées qui favoriseront la renaissance européenne. Mais, chaque siècle a apporté sa pierre. La contribution du XVIIIe siècle, le Siècle des lumières, a été particulièrement importante dans la construction d'un état de droit qui libérera les hommes et les femmes de leurs maîtres et fera d'eux des citoyens et des citoyennes, des hommes et des femmes libres et égaux en droit. Les penseurs du Siècle des lumières – on pense à Voltaire, à Rousseau, à d'Alembert, à Montesquieu, mais aussi à Kant, Hume, Franklin, Beccaria – sont des philosophes cosmopolites et antinationalistes qui, dans un monde monarchiste, s'appuient sur des despotes éclairés. Le nouvel espace créé se serait limité aux salons princiers si leurs écrits n'avaient pas ouvert la voie à des sociétés savantes, à des revues et des journaux, à des cafés ou à des clubs dont nous dirions aujourd'hui qu'ils sont des lieux ou des associations d'éducation populaire. En France, la monarchie n'y résistera pas. En 1790, le Club des Jacobins regroupait déjà plus de 150 sociétés, en septembre 1791, plus de 1 000, avant d'atteindre au plus fort de la Révolution plus de 3 000 sociétés. Mais cet espace d'initiatives béant se referme. La loi Le Chapelier, du nom d'un avocat jacobin, votée le 17 juin 1791, interdit aux citoyens de constituer des corps intermédiaires entre le citoyen et l'État. La République ne veut pas voir se constituer ou se reconstituer des corporations, coalitions ou associations ouvrières. Cet interdit n'arrêtera pas le fait associatif. Des sociétés de secours mutuel se développeront dès le début du XIXe siècle, mais elles le feront dans la précarité, sous tutelle et dans un jeu de cache-cache avec le pouvoir politique. La Loi Le

Chapelier ne sera abolie que le 25 mai 1864 par la Loi Olivier et ce n'est qu'en 1884 que sera reconnue la liberté syndicale.

Dans les autres pays, l'histoire associative est différente, particulièrement en Angleterre où les institutions et le droit sont moins rigides. L'espace d'initiatives citoyennes ne connaît pas les mêmes à-coups qu'en France. La liberté d'association est reconnue en 1825 et le *Trade Union Congress* (TUC) a déjà 500 000 membres en 1833. Rigidité de la loi ou pas, le XIXᵉ siècle a connu de grands combats citoyens. Le plus significatif est sans doute le combat pour l'abolition de l'esclavage. Il est caractéristique de la différence qui sépare les approches française et anglaise.

Les abolitionnistes se manifestent dès le XVIIIᵉ siècle. La Société de Pennsylvanie naît en 1775, la Société des amis des Noirs en 1786 en Grande-Bretagne, alors qu'en France certains des futurs inspirateurs de la Déclaration des droits de l'homme – l'abbé Grégoire, Mirabeau, Condorcet, La Fayette, Lavoisier, Lacepède – se retrouvent autour de Brissot pour lutter contre la traite des Noirs. Les « Amis des Noirs » doivent attendre le 4 février 1794 pour que soit « *aboli l'esclavage des nègres dans toutes les colonies... et que tous les hommes, sans distinction de couleur, domiciliés dans les colonies,* (deviennent) *citoyens français* ». Six ans plus tard, le 20 mai 1802, Bonaparte, poussé par Joséphine de Beauharnais, restaurera l'esclavage. L'Angleterre reprend le flambeau après ce faux départ français. La *Society for the extinction of the slave trade* lance une pétition. Elle sera signée par 400 000 personnes dès 1791. Résultats : la traite est interdite en 1803 en Angleterre, elle le sera en 1828 en France, sous

Charles X; l'esclavage lui-même est aboli en 1833 en Angleterre, il ne le sera qu'en 1848 en France sur proposition du député Victor Schoelcher.

D'autres combats sont nés au XIXe siècle : pour la défense des Noirs aux États-Unis, en faveur du vote des femmes, contre le bandage des pieds qui mutilait les Chinoises, contre le racisme ou l'antisémitisme. Tous ces combats et beaucoup d'autres aboutissent à de nouveaux droits. Les philosophes continuent de tracer les contours de cette société civile, de cet espace d'initiatives citoyennes. Hegel le situe entre la famille et l'État. D'autres le considèrent comme un pôle d'équilibre entre l'État et le marché. Praticiens et théoriciens œuvrent, chacun de leurs côtés, pour que la démocratie représentative se prolonge et s'approfondisse dans et par une démocratie participative. La clé de cette participation des citoyens à la vie de la cité est la reconnaissance du droit d'association.

Les ONG, une histoire ancienne

On a bien tort de croire que les organisations non gouvernementales (ONG) sont des formes d'organisations récentes. Certaines préexistaient au vote de la loi française de 1901. Mais surtout, l'Histoire met en lumière des filiations dont certaines se perdent dans la nuit des temps. Ainsi Michel Doucin, diplomate et fin connaisseur du monde des ONG, nous offre dans sa thèse de sciences politiques soutenue en mai 2005, *Les ONG, acteurs-agis des relations internationales*, de précieux paragraphes historiques qui montrent qu'elles sont « vieilles comme les croisades ». Il propose des ancêtres à chacune des familles d'ONG qui aujourd'hui mènent bataille. Ainsi, par exemple, les associations humanitaires d'urgence, qui ont été créées par les *french doctors* au début des années 1970, s'inscrivent dans la tradition des confréries charitables qui ont traversé les siècles. Il nous raconte cette histoire qui débute avec l'action des congrégations ou des ordres à la fois religieux et militaires dont les réalisations – on dirait aujourd'hui les projets – jalonnaient les itinéraires des croisades jusqu'à Jérusalem ; l'Ordre souverain de Malte est l'un des derniers survivants de ces temps anciens et fait aujourd'hui, neuf cents ans après sa création, un travail d'ONG. De riches laïcs créent des hospices, manifestant une sensibilité philanthropique nouvelle. De son côté, l'Église poursuit son œuvre de charité. Certains clercs, comme Vincent de Paul au XVIIᵉ siècle, deviennent des figures emblématiques et sont canonisés. Une nouvelle congrégation, les Sœurs de la Charité, dont le recrutement est populaire, se consacre à l'accompagnement des pauvres et des malades. Les hôtels-Dieu se multiplient. L'action caritative moderne naît sans doute des horreurs de la guerre d'indépendance grecque (1821-1829), puis de la guerre de Crimée (1853-1856), qui provoquent des élans de générosité. Mais, le pionnier des humanitaires modernes est Henri Dunant qui, horrifié par la boucherie de la bataille de Solferino (40 000 morts le 24 juin 1859), crée une organisation caritative privée et prend pour emblème une croix rouge. Seize gouvernements et quatorze organisations privées donnent naissance, en 1863, au mouvement international des Croix-Rouges. Dès lors, les guerres suscitent des initiatives de caractère humanitaire : la guerre civile russe entraîne la création en 1919 de *Save the children*, la guerre civile espagnole celle de *Plan international* en

1937, la Seconde Guerre mondiale, celle, en 1939, du CIMADE (Comité inter-département auprès des évacués), celle, en 1942, d'OXFAM (*Oxford committee for famine relief*), celle, en 1945, de CARE (*Cooperative for American Remittancies in Europe*, puis, *Everywhere*). En 1950, *World Vision* est créé pour porter secours aux orphelins victimes de guerre. Enfin, la guerre du Biafra (1967-1970) provoque des drames que la télévision diffuse maintenant largement. Au mépris du droit international, l'armée nigériane bombarde les hôpitaux de la Croix-Rouge. Des médecins décident alors de sortir des traditionnelles neutralités et réserves du Comité international des Croix-Rouges (CICR) et créent un Comité international contre le génocide au Biafra et un Groupe d'intervention médicochirurgicale d'urgence. De cette prise de position naîtra en 1971 Médecins sans frontières et une nouvelle génération d'associations humanitaires d'urgence. Comme la Croix-Rouge à ses origines, les néo-humanitaires se consacrent à l'aide médicale et chirurgicale d'urgence, mais aussi à la promotion de nouveaux droits internationaux. La Croix-Rouge porte jusqu'à la table de négociation les quatre conventions de Genève de 1864, 1906, 1929 et 1949, ainsi que les deux protocoles additionnels de 1977. Cet ensemble constitue le droit humanitaire international, un droit de la guerre qui est censé s'appliquer à tous les pays. Les nouveaux humanitaires prennent le relais et poussent les gouvernements et le Conseil de sécurité de l'ONU à adopter en décembre 1988 et décembre 1990 trois résolutions qui renforcent le droit d'accès aux victimes grâce, notamment, à la reconnaissance d'un droit d'ingérence et à l'ouverture de « couloirs d'urgence humanitaire ».

Michel Doucin propose d'autres filiations historiques. Une filiation relie les philosophes du Siècle des lumières aux défenseurs modernes des droits humains avec la création de la Ligue des droits de l'homme en 1898, puis celle de la Fédération internationale des droits de l'homme en 1922, et enfin celle de mouvements comme *Amnesty international* en 1961 ou *Human Rights Watch* en 1988. Une autre histoire s'écrit, une histoire sociale des XIXᵉ et XXᵉ siècles, qui relie les pionniers de la défense des droits de l'homme et de la femme au travail aux syndicats modernes. De même, les mouvements pacifistes contemporains trouvent de lointaines origines au Siècle des lumières. Ils poursuivent les débats anciens sur l'attitude à adopter devant la violence d'État et les régimes qui professent le racisme et la xénophobie ou simplement bafouent le droit international. La Société des Nations et l'Organisation des Nations unies sont nées de ces débats.

Les ONG dites de développement sont, elles aussi, des héritières de mouvements sociaux ou religieux qui ont accompagné, souvent en la critiquant, l'action coloniale et, en les soutenant, les mouvements d'émancipation, voire les guerres de libération, puis les premiers pas des pays du tiers-monde nouvellement indépendants. Ces mouvements résonnent encore des débats introduits au XIXᵉ siècle dans la pensée et l'action politiques par les utopistes, les fondateurs du socialisme ou les militants du christianisme social. Toujours réactifs, ils se veulent aujourd'hui altermondialistes. Par contre, les ONG d'environnement, celles qui regardent au-delà du naturalisme et s'intéressent à l'environnement mondial, sont pionnières. Elles sont l'expression d'une nouvelle conscience planétaire : elles ont poussé les gouvernements à organiser les conférences de Stockholm (1972), de Rio (1992) et de Johannesburg (2002) et à signer des conventions internationales d'un type nouveau, puisqu'elles ne partagent pas le bien commun mais s'efforcent d'en assurer une gestion planétaire et indivise.

Les ONG aujourd'hui

Conscient de l'historicité des mouvements citoyens, portons à présent notre attention sur le moment d'histoire que nous vivons, et dans lequel les ONG agissent. Les mouvements de solidarité internationale, qui s'efforcent de tisser des liens au long cours, ont vécu une révolution avec l'émergence d'Internet. De plus en plus, nous avons l'impression d'agir dans un champ de forces, dans une sorte d'espace vectoriel qui abolit les frontières géographiques et dans lequel des milliards de personnes physiques et morales s'efforcent de tracer leurs chemins. Ces personnes physiques et morales sont dotées de forces et de directions qui leur sont propres. En créant des acteurs collectifs, c'est-à-dire en combinant leurs forces et leurs directions, ces personnes peuvent interagir plus efficacement avec les pouvoirs politiques et économiques et contribuer à donner un mouvement, une dynamique aux sociétés humaines. La mondialisation élargit considérablement ce champ de forces et suscite des articulations et des agrégations qui pèsent dans la construction de la résultante générale qui donne une direction à l'Histoire, même si certaines de ces forces, sans doute les plus nombreuses, avancent en crabe ou à reculons ! Dans le rapport qui opposait les forces économiques, sociales et politiques, des équilibres instables se sont établis. Depuis quelques décennies, les forces économiques ou, plus exactement, les forces financières ont pu attraper le volant de l'Histoire et imposer leur logique au mouvement d'ensemble. Mais cette victoire est sans doute trop lourde de conséquences sociales et environnementales pour que le jeu puisse continuer longtemps à se dérouler sans changements ou inflexions de direction. De nouvelles coalitions de forces dans lesquelles se côtoient des acteurs sociaux et des acteurs économiques se constituent pour ramener le pendule dans l'autre sens ou, du moins, vers une position plus médiane et équilibrée.

Ainsi, chaque jour, les limites vers lesquelles nous avançons à vive allure nous apparaîssent plus clairement. Elles se rapprochent d'autant plus que la vitesse de destruction du monde l'emporte de beaucoup sur sa vitesse de construction. La planète a eu besoin de milliards d'années pour stocker du carbone dans ses entrailles et le remplacer dans l'atmosphère par de l'oxygène grâce à l'apparition de la vie végétale et à la photosynthèse. L'équilibre entre la photosynthèse et la respiration des différents êtres vivants stabilise le rapport carbone/oxygène à un niveau qui a permis l'explosion de la vie sur terre. Quelques dizaines d'années pourraient suffire pour faire marche arrière et détruire les conditions nécessaires à la vie animale. Aujourd'hui, les vitesses d'exploitation des ressources et de dégradation des milieux sont très supérieures à leur capacité de régénération. Les « empreintes écologiques » des pays les plus avancés sont disproportionnées par rapport aux ressources dont ils ont hérité. Cette disproportion montre que l'humanité vit très au-dessus de ses moyens écologiques et suppose que d'autres peuples se contentent d'empreintes écologiques infiniment plus modestes. Le patrimoine commun – les ressources du sous-sol et la fertilité du sol – fond à une vitesse astronomique. Cet abus d'exploitation accroît aussi la lutte pour l'accès aux ressources. La carte des conflits se superpose d'ailleurs presque exactement à la carte des ressources. Au regard de cette dilapidation, peut-on se permettre de ne pas remettre en cause les modes de consommation et les modes de production et, quel que soit son penchant personnel, de ne pas être radical dans ses jugements ? Au moment de la préparation de la guerre d'Irak, une affiche militante clamait « *nos* vies valent plus que *leur* pétrole », certes, sauf que nos vies sont aujourd'hui totalement « pétrolisées » et que, pour en sortir, il nous faut tout changer, à commencer par nos modes de vie !

Les citoyens sont face à des forces immenses et à la nécessité de changer le cours de l'Histoire, tâche impossible pour des personnes physiques. Usant du droit d'association, acquis en France en 1901, ils constituent donc des « acteurs collectifs ». Ceux-ci s'efforcent de participer aux grands marchandages planétaires, aux antichambres des négociations internationales d'où émergent les droits et les règles qui doivent baliser la mondialisation, lui donner des objectifs constructifs pour que la planète soit viable et la société mondiale vivable. Comme beaucoup d'autres acteurs, ils pèsent sur les stratégies diplomatiques des gouvernements, seuls habilités à négocier des accords et à signer des traités. Ce faisant, ils inventent une diplomatie non gouvernementale qui devient une composante majeure de la diplomatie moderne. Elle se définit par son objectif : participer à la construction d'un monde de solidarité, c'est-à-dire construire un monde de droit et de développement durable, et promouvoir un « état de droit international », soucieux de tous les citoyens du monde et de la transmission aux générations futures d'un patrimoine préservé.

Cette diplomatie moderne n'est ni la juxtaposition à côté d'une diplomatie gouvernementale de diplomaties parallèles ni la privatisation ou non gouvernementalisation, même partielle, de la diplomatie. Elle se définit par un compromis entre les acteurs régaliens et des groupes ou des réseaux de citoyens. Le monde file à vive allure, les technologies créent un espace planétaire de communication, les échanges se multiplient et intègrent aujourd'hui les territoires et les communautés les plus reculés, alors que les institutions restent figées dans un immobilisme redoutable, qui les disqualifie pour baliser des évolutions qui leur ont échappé. Nous connaissons les rigidités françaises, mais que dire de l'ONU, fondée au lendemain de la Seconde Guerre mondiale, qui reste égale à elle-même alors que le monde a vécu plusieurs révolutions coperniciennes. Si l'on veut orienter le changement et l'accélérer, si l'on veut sortir les institutions de leur conservatisme naturel et les mettre en mouvement, si l'on pense qu'il faut inventer de nouvelles régulations mondiales, alors il faut obliger la diplomatie à sortir de son cocon régalien et l'obliger à se compromettre avec des acteurs qui s'efforcent de penser l'intérêt général au niveau planétaire et de promouvoir dans leurs actions locales un changement. Nous parlerons à bon escient dans les prochains chapitres de la nécessaire émergence d'une diplomatie participative.

Nous avons, dans cette introduction, indiqué la généalogie de quelques-unes des familles d'ONG que nous voyons à l'œuvre, mais il convient aussi de signaler que les ONG interviennent aujourd'hui dans des réalités tout à fait nouvelles. Outre ce décalage considérable entre la vitesse d'évolution des institutions et celle des forces productives, soulignons deux réalités, même si celles-ci sautent à tous les yeux, celle de la mondialisation et celle des limites d'exploitation des ressources naturelles. La négociation était internationale, elle est aujourd'hui mondiale. Les ONG qui se sont identifiées à l'action locale doivent se projeter au niveau planétaire. Ce livre cherche à expliquer le pourquoi et le comment de cette projection. La question des limites d'exploitation des ressources naturelles est une autre nouveauté radicale qui interpelle non seulement les négociateurs et leurs doubles non gouvernementaux, mais, plus profondément, toutes les actions locales, notamment celles des ONG.

Nous essayerons, dans les deux premiers chapitres, de savoir qui nous parle de la mondialisation et qui prétend œuvrer pour la construction du monde. Force est de reconnaître que les grands acteurs mondiaux sont bien loin des réalités et que les mots qu'ils mettent en scène – démocratie mondiale, développement durable, solidarité internationale – sonnent bien creux pour ceux qui vivent le drame des crises humanitaires ou la dureté de la pauvreté chronique. Dans un troisième chapitre, nous proposerons une typologie des différentes familles de négociations. En effet, les camps qui s'affrontent, les lieux et les institutions où la diplomatie multilatérale se déroule, les logiques et pratiques de négociation qui se juxtaposent et le profil des négociateurs diffèrent selon le type de négociation. Dans les trois derniers chapitres, nous nous efforcerons de caractériser la place des ONG dans le jeu diplomatique, qui ne s'ouvre que timidement à de nouveaux acteurs, qui plus est, non gouvernementaux. Nous évoquerons d'abord les principaux objectifs poursuivis par les ONG dans les grands rendez-vous diplomatiques. Enfin, nous dégagerons les fondements qui donnent cohérence aux pratiques des ONG, pratiques qui définissent ce que nous appellerons la « diplomatie non gouvernementale ».

« Quinze ans de diplomatie : quel bilan ? », c'est par la réponse à cette question que nous conclurons ce livre qui cherche à expliciter les actions décentralisées et multiples que les ONG mènent pour alimenter le débat public, orienter les processus diplomatiques et, ce faisant, contribuer à la construction d'un monde de solidarité.

CHAPITRE I

Qui nous parle aujourd'hui
de la construction du monde?

LES VISIONS ESCHATOLOGIQUES et les dialectiques mécaniques ont du plomb dans l'aile. Alors, qui nous parle aujourd'hui de la construction du monde ou, plutôt, qui prétend contribuer à le construire ?

Deux familles d'acteurs s'efforcent de donner forme à la mondialisation : les acteurs financiers et les acteurs politiques. Disons, pour schématiser, les banquiers et les diplomates. Pour aller encore plus loin dans le schématisme et partir d'un diagnostic lapidaire, disons que les banquiers ont attrapé le volant de la mondialisation et que les diplomates s'efforcent de lui donner un cadre juridique et institutionnel. Le moteur à trois familles d'acteurs (acteurs politiques ou territoriaux, acteurs économiques ou financiers et acteurs sociaux) a pu fonctionner au niveau national, dans les pays du

Nord et à certaines périodes, au cours du siècle qui va de la reconnaissance formelle des acteurs sociaux, à la fin du XIXe siècle, jusqu'à leur marginalisation, au moins temporaire, à la fin du XXe siècle. En effet, au début des années 1980, la mondialisation a perdu en route les syndicalistes. Ceux-ci, du fait du caractère bancal du duopole « acteurs économiques/acteurs gouvernementaux », ont pu revenir dans le jeu depuis la moitié des années 1990. Ce retour s'est manifesté par de nouvelles formes d'organisation, aux frontières laissées savamment floues, et d'association avec d'autres acteurs sociaux (mouvements de citoyens, associations de solidarité). Ont alors fleuri des réseaux et, au début de ce siècle, des forums sociaux composites.

Nous reviendrons tout au long de ce livre sur le rôle des associations dans la construction du monde et sur les interactions qu'elles entretiennent avec la diplomatie. Nous avons proposé, par ailleurs, une analyse des relations grandissantes entre associations et acteurs économiques (*Économie, le réveil des citoyens*, La Découverte, 2002). Intéressons-nous tout d'abord à leurs discours et à leurs pratiques.

La mondialisation, un vieux rêve de banquier

L'idée de la mondialisation n'est pas nouvelle pour les financiers. Les proto-banquiers vénitiens qui, d'après Fernand Braudel, ont inventé la finance et le capitalisme modernes au début du XVe siècle, possédaient déjà les réflexes qui ont permis à leurs lointains descendants de prendre quelques siècles plus tard le volant de l'Histoire. Ils avaient conçu les premiers outils permettant de dématérialiser et de déterritorialiser la finance.

Ils avaient conscience de l'importance pour eux de maîtriser leurs relations avec les pouvoirs politiques et, donc, de se dégager des hiérarchies et des territoires qui enracinent les activités économiques et financières et risquent de piéger les capitaux. Cette distance n'interdit pas de contracter des alliances avec les princes, les rois ou tout autre pouvoir d'État, ni de rendre des services financiers, surtout lorsque ceux-ci sont sources de profits juteux. Le pouvoir de ces clients particuliers de lever l'impôt constitue la meilleure des garanties pour un banquier. La Banque mondiale, qui fait, aujourd'hui plus que jamais, des profits considérables sur le dos des États les plus miséreux, le sait. D'autant que si les contribuables du Sud n'arrivent pas à rembourser en devises sérieuses les dettes contractées par leurs gouvernants, les contribuables du Nord sont appelés à prendre le relais lors des processus d'annulation de dettes, qui sont surtout des processus de recapitalisation des banques. Fernand Braudel raconte l'histoire multiséculaire de cette mondialisation financière et économique dans les trois tomes de son œuvre magistrale *Civilisation matérielle, économie, et capitalisme, XVe-XVIIIe siècle*. Le lecteur qui aurait des doutes sur la pérennité des réflexes, qui s'appuient aujourd'hui sur des outils et des circuits financiers de plus en plus élaborés, pourra lire ou relire F. Braudel.

Que disent aujourd'hui les financiers de ce cheminement vers la mondialisation des marchés, qui est pour eux salvateur ? Ils tiennent le discours le plus classique, celui qui déjà inspirait les banquiers vénitiens du XVe siècle. Ils mettent en avant les trois principes de base du libéralisme économique : tout est marchandise, les marchandises s'échangent sur des marchés et les marchés ont vocation à s'intégrer à l'échelle mondiale. La transformation des « choses » en biens ou services et des biens publics en biens privés, est, tout comme la libéralisation des échanges internationaux de capitaux, de biens et de services, l'un des moteurs de la construction du monde nouveau. Sa création découle simplement de l'intégration des marchés locaux ou nationaux en un seul grand marché mondial. Au fond, rien de plus simple que ces quelques mécanismes qui sont à la base de la mondialisation. Cette simplicité est sans doute le secret premier du triomphe de cette mondialisation, dite (néo) libérale. Chacun des milliards d'acteurs économiques, doté d'une boussole simplifiée, peut s'inscrire dans l'immense horlogerie qui fait avancer le monde vers un optimum, un optimum construit en s'appuyant sur les avantages comparatifs. Chaque acteur économique sera aidé dans ses choix par le niveau et les différentiels de prix. Et puisque tout est marchandise, l'optimum économique est nécessairement pour le monde un optimum tout court.

Nous savons que la conduite du jeu par les acteurs dominants ne s'inspire pas véritablement des trois principes proclamés. Le double standard, l'un pour les joueurs puissants, l'autre pour les faibles, s'impose dès lors que les faibles arrivent à attraper quelques bonnes cartes. De plus, le premier et le plus important des marchés, le marché du travail, échappe totalement à la liberté des échanges. Les principes voudraient qu'un travailleur tchadien, indien ou chinois puisse aller là où les conditions de rémunération de son travail sont les meilleures. On sait à quel point les politiques migratoires sont restrictives. Or, si la main-d'œuvre ne peut pas se distribuer géographiquement en suivant les indications du marché, c'est toute la théorie qui alors s'effondre.

Nous savons aussi par l'analyse, et plus encore par l'observation, que le chemin qui mène vers cet optimum est pavé de drames sociaux et d'hypothèques environnementales. N'empêche que le discours résiste à ses contradicteurs et, plus grave, aux cris des innombrables victimes et exclus de ce chemin qui conduirait à l'optimum ! Les années 1990, débarrassées de l'alternative communiste planificatrice, ont été triomphales pour les néo-libéraux. Nous reviendrons sur l'optimum proposé par les libéraux et sur la recherche de chemins alternatifs ou, pour le moins, sur les tentatives de balisage du chemin libéral par l'intégration de conditionnalités sociales, environnementales et territoriales dans la boussole des acteurs économiques. Nous savons que ces conditionnalités ne sont acceptables que si elles s'imposent à toutes les boussoles, que si le cahier des charges de tous les actes économiques a force de loi. Il y a un siècle, les internationalistes se demandaient s'il était possible de construire le socialisme dans un seul pays ; nous nous interrogeons aujourd'hui sur la possibilité pour un pays, voire pour une large coalition de pays, d'introduire dans le logiciel de la finance un critère de responsabilité sociale ou environnementale. Les temps ont changé !

Donner un cadre à la mondialisation, une ambition de diplomate

Aux côtés des acteurs financiers agissent les acteurs politiques. Un diplomate est un acteur national qui s'efforce de conquérir pour son pays la meilleure place possible dans la mondialisation. Sa tâche première est

donc de défendre les intérêts nationaux et d'animer les
« affaires étrangères » ou les « relations extérieures ».
La plupart des diplomates veillent aux relations bilaté-
rales depuis les directions géographiques de leurs
ministères des Affaires étrangères ou depuis les ambas-
sades de leurs pays. Cependant, depuis que les organisations internationales s'efforcent de donner forme à
un ordre mondial et que les accords multilatéraux s'imposent à tous, de nombreux diplomates agissent pour
orienter les institutions et les accords internationaux
dans des sens qui soient favorables à leur pays.

Jusqu'aux grands mouvements de colonisation, plusieurs mondes s'ignoraient ou cohabitaient, liés entre
eux par des circuits commerciaux au long cours limités
à quelques produits tropicaux et à quelques métaux précieux. Les empires coloniaux ont segmenté le monde, ils
ont marqué la prééminence des économies coloniales sur
l'économie-monde. Il suffisait que les quelques grandes
puissances coloniales se déchirent pour déclencher une
guerre mondiale ou qu'elles s'accordent pour donner
forme à un ordre géopolitique mondial. L'alternance,
au XXe siècle, des déchirements et des accommodements
planétaires a entraîné deux guerres mondiales et consé-
cutivement deux institutions mondiales : La Société
des Nations et l'Organisation des Nations unies. Nous
sommes toujours dans l'ère de l'ONU, même si le
contexte de ce début de XXIe siècle n'a plus grand-
chose à voir avec celui des lendemains de la Seconde
Guerre mondiale : les empires coloniaux ont rapidement
éclaté, libérant près de cent quarante nouveaux États ;
l'économie-monde a renversé les barrières coloniales et
le mur de Berlin ; le monde multipolaire a mal résisté à la
super-puissance américaine, qui n'hésite pas à mécon-

naître, voire à détruire, l'ordre multilatéral. Même si l'unilatéralisme est une étape logique lorsqu'émerge une puissance hégémonique, cet ordre unilatéral est peu stable, dans la mesure où, allié à un ordre économique mondial, il ne respecte pas les diversités et les souverainetés des géographies et des histoires qui cohabitent dans le monde. La construction d'un nouveau monde de démocratie et de marché libre ne procède pas d'une convergence de civilisations aussi diverses qu'anciennes mais bien d'une croisade, nourrie d'arguments religieux omniprésents, d'un *remake* de *western*, joué cette fois à l'échelle du monde. Les *cow-boys* et les Indiens sont appelés à prendre leur place dans le *casting* et dans le scénario du film, dans l'Histoire du monde. Ces démonstrations de forces économiques et militaires écartent les diplomates de la construction du monde et leur réservent un rôle subalterne de *public relation* au service de la pensée militaire. Il y a, bien sûr, résistance, mais celle-ci a du mal à s'exprimer au grand jour : quoi qu'ils pensent de cette vision sommaire de l'Histoire, les gouvernements sont pris dans des alliances géopolitiques et militaires, dans des consensus diplomatiques, dans des familles culturelles et religieuses et dans les hiérarchies de l'économie-monde. Il n'est pas étonnant que des forces supplétives non gouvernementales, dégagées de ces engagements historiques, soient appelées en renfort pour introduire quelques virus dans ce jeu verrouillé et pour s'aventurer sur des terrains désormais interdits à des gouvernements bâillonnés.

Mais, qui se préoccupe de l'intérêt général ?

La relative marginalisation des diplomates en temps de guerre – mais n'y a-t-il pas une volonté de créer un climat permanent de guerre ? – affaiblit l'ordre multi-latéral. Cet affaiblissement est encore accru par les questions adressées aux diplomates quant à leurs capa-cités à contribuer à la construction d'un monde équi-table et durable. À ce stade, signalons deux grandes questions concernant la prétention des gouvernements à construire le monde : celle de savoir si la somme des intérêts nationaux peut coïncider avec l'intérêt général et celle de la représentativité, voire de la légitimité et de l'indépendance, des gouvernements eux-mêmes. Nous reprendrons ces questions sous des formes diverses et verrons les réponses qui peuvent être envisagées, mais, à ce stade, nous n'irons pas au-delà de l'exposé des problématiques.

Première question :
Des intérêts nationaux ou des compromis entre
ces intérêts peuvent-ils construire un monde
fondé sur la préoccupation de l'intérêt général ?
Un diplomate n'est pas payé pour défendre l'intérêt général, mais pour faire valoir des intérêts nationaux. Bien sûr, ces intérêts nationaux, lorsqu'il ne s'agit pas d'un intérêt vital et non négociable, doivent s'inscrire dans des compromis négociés au niveau de groupes de négociation plus ou moins constitués, comme par exemple l'Union européenne ou les pays en voie de développement regroupés dans le G77, et, s'il y a accord international, dans des conventions ou dans des traités, qui engagent l'ensemble des pays du monde. À noter au passage que la catégorie des intérêts non négo-ciables est à géométrie variable et fluctue selon la puis-sance des pays concernés. Même dans le cas de la fin heureuse d'une négociation, celle de la signature d'un

accord international, deux grandes questions subsistent : comment peut-on en fin de processus diplomatique rencontrer l'intérêt général qui n'a été à aucun moment ni défini, ni recherché, ni porté par un quelconque acteur diplomatique, ni même considéré comme une référence ? Comment peut-on traiter des questions de nature mondiale alors qu'elles ne font partie des lettres de mission d'aucun diplomate ? L'intérêt général, les biens publics mondiaux, les questions globales ne sont ni dans le cahier des charges ni dans le logiciel de la négociation. Une « main invisible » conduirait les diplomates, défendant des intérêts nationaux différents et contradictoires, vers des accords internationaux porteurs de l'intérêt général. Cette main invisible diplomatique mérite, pour le moins, d'être questionnée. Il faut, d'ailleurs, se méfier de ces mains invisibles qui guideraient les comportements des acteurs, produiraient miraculeusement du bien et serviraient l'intérêt général de tous les citoyens, quelles que soient leurs places dans l'ordre de la mondialisation. L'Histoire nous apprend que malheureusement il n'y a ni mains invisibles ni gagnant gagnant. Le fameux *win-win* des anglo-saxons, proclamé en général par les puissants, cache souvent des contradictions d'intérêt !

Seconde question :
Quel est le degré de représentativité, de légitimité et d'indépendance des gouvernements ?
Ignorons le cas facile à dénoncer des régimes dictatoriaux ou des régimes profondément corrompus et prenons le cas plus légitime des gouvernements issus de processus démocratiques. Il y a aujourd'hui sur terre, à quelques centaines de millions près, trois

milliards de femmes, trois milliards de jeunes de moins de 20 ans, trois milliards de pauvres à moins de deux dollars par jour et trois milliards de paysans, c'est-à-dire dans chacune de ces catégories la moitié de l'humanité. Pourtant, force est de constater que le poids des femmes, des jeunes, des pauvres et des paysans est bien faible dans les rapports de force qui écrivent les histoires nationales et, plus encore, dans ce qu'il est convenu d'appeler la « gouvernance mondiale ». Et, même si ces catégories se recoupent en grande partie et que certains de nos contemporains cumulent les situations d'exclusion, les « handicapés du pouvoir » constituent entre les trois quarts et les quatre cinquièmes de l'humanité. Existe-t-il, par exemple, un seul pays au monde, particulièrement parmi ceux dont 60 à 70 % de la population sont liés à l'agriculture, qui ait une politique agricole pro-paysanne ? Il y a bien, pour reprendre les mots du langage économique contemporain, « asymétries de pouvoir » et « défaillances de démocratie » ! Nous verrons que seule une organisation de ces groupes grâce au droit d'association et la mise sur pied d'une démocratie participative peut permettre de corriger les défaillances des démocraties représentatives. Autre défaillance démocratique considérable, l'absence de représentation dans les processus électoraux des victimes non nationales des politiques d'un gouvernement. Les pays puissants ont la possibilité de se défausser de leurs problèmes sur plus faibles qu'eux. L'« empreinte électorale » du gouvernement d'une puissance majeure est bien plus étroite que son espace d'influence politique, économique et militaire ; celle d'un pays faible et pauvre est beaucoup plus large que son espace d'influence politique et économique. Dans ces derniers pays, la légitimité démocratique d'un élu pèse bien peu face au pouvoir d'un *desk officer* d'une institution financière internationale, d'un ambassadeur d'un pays tutélaire ou d'un chargé d'affaires d'une entreprise multinationale. Enfin, et c'est encore plus difficile à résoudre, la prise en compte de l'intérêt des générations futures dans les politiques publiques n'est stimulée par aucun avantage électoral, puisque ces générations encore anonymes ne votent pas. Or, les possibilités de développement, voire de survie des générations futures, dépendent de la valeur du patrimoine et du stock de dettes que nous leur transmettrons.

Quant à l'indépendance des gouvernements qui se mesure par leur capacité à défendre leurs intérêts nationaux, nous savons à quel point elle est ténue et largement fonction de la puissance du pays. Des disciplines s'imposent dans les camps diplomatiques, qui se constituent lors des processus de négociation et qui regroupent souvent des pays aux intérêts divergents. Elles ne permettent pas aux pays petits, faibles ou pauvres, de faire valoir dans la négociation leurs intérêts propres. On a souvent relevé la place marginale des pays les moins avancés (PMA) dans le Groupe des 77, le G77, composé à l'origine de 77 pays en développement – ils sont aujourd'hui plus de 120 – ou le poids dominant de quelques puissances émergentes dans le G20, qui comprend aujourd'hui vingt pays en développement, grands agro-exportateurs. La conférence ministérielle de l'OMC, organisée à Cancún (Mexique) en septembre 2003, a été le théâtre d'une recomposition du jeu diplomatique dont on ne sait si elle sera durable. Les pays du Sud appartenant au Groupe dit de *Cairns*, constitué des principaux pays libéraux et agro-exportateurs du Nord et du Sud, ont constitué le G20 au cours de l'année 2003, sous l'impulsion de la diplomatie brésilienne. Le Groupe de *Cairns* n'a pas disparu pour autant, mais il a laissé la parole et le micro au G20, qui défend les mêmes thèses libre-échangistes, mais avec le pouvoir supplémentaire de négociation que lui confère son identité sudiste. Par contre, le G77 s'est trouvé déstructuré et privé de certains de ses *leaders*. La centaine de pays restés dans un G77 désorganisé, essentiellement les pays ACP (Afrique-Caraïbe-Pacifique) et les PMA, n'ont pas pu se reconnaître dans les thèses du G20 ni improviser des positions communes. Ces pays ont été marginalisés jusqu'à ce qu'ils réapparaissent le dernier jour de la négociation sous la forme d'un G90 pour donner le coup de grâce à la négociation.

Il y a des dépendances plus fortes encore : les institutions financières internationales (IFI) tiennent sous leur emprise les pays en voie de développement les plus faibles qui sont pris dans des accords politico-financiers d'ajustement structurel et soumis aux conditionnalités qui leur sont liées. Le consensus de Washington définit les principes d'une « bonne » politique économique, principes qui prônent l'ouverture commerciale et la privatisation économique et qui ont des conséquences directes sur toutes les politiques gouvernementales. Le consensus de Monterrey, adopté par tous les gouvernements en mars 2002, reprend les mêmes idées et y ajoute des règles de « bonne gouvernance ». Celles-ci préconisent, d'une part, un engagement à lutter contre les différentes formes de corruption, ce qui évidemment est souhaitable, et, d'autre part, le choix de « bonnes politiques publiques », celles précisément qui respectent les « commandements » du consensus de Washington et les accords internationaux négociés dans le cadre de l'OMC. La boucle est bouclée ; tous les gouvernements ont signé une déclaration qui prône une libéralisation accélérée des échanges de biens, de services et de capitaux et une ouverture des économies à la compétition internationale, même ceux dont les économies sont incapables d'y résister. Les IFI s'occupent du respect de l'ordre macro-économique par les pays de l'hémisphère Sud et œuvrent pour que de nouvelles négociations internationales ne viennent pas écorner ces principes consensuels. L'adoption de politiques macro-économiques standard par les pays pris dans des négociations sur leurs dettes et l'engagement des pays donateurs, pris à Paris en mars 2005, d'*harmoniser* et d'*aligner* leur aide publique au développement ne laissent plus guère d'espace à la souveraineté nationale ni à une quelconque initiative originale de la part des pays récipiendaires.

Enfin, il y a dans la négociation internationale des sujets hors consensus macro-économique qui sont sensibles aux pays puissants et sont l'objet de marchandages, voire de chantages, diplomatiques dans les tractations avec des pays démunis. L'administration Bush, par exemple, s'oppose au protocole de Kyôto, à la création de la Cour pénale internationale, au principe de précaution et à son application aux OGM, au refus du Conseil de sécurité de légaliser le déclenchement de la guerre en Irak... Des pressions considérables s'exercent alors sur les pays pour qu'ils s'alignent sur les positions dominantes. C'est une pratique diplomatique tout à fait traditionnelle, mais, vu les asymétries de pouvoir autour de la table de négociation, l'idée que chaque gouvernement défend les intérêts de son peuple mérite d'être sérieusement revisitée.

Les ONG sont, à juste titre, soumises aux mêmes questions sur leur légitimité, sur leur représentativité et sur leur indépendance. Ces questions doivent être prises au sérieux, et nous essayerons d'y répondre dans les chapitres suivants, mais cela ne doit pas nous empêcher d'interpeller sur le même mode les gouvernements. Ceux qui sont dictatoriaux et corrompus, bien sûr, mais également les gouvernements issus de processus démocratiques. Ce croisement des questionnements doit pouvoir amener les uns et les autres à rester dans leurs rôles respectifs et à construire des gouvernances plus démocratiques, des démocraties à la fois représentatives et participatives.

En définitive, la question que nous posons aux bâtisseurs du monde, et que nous allons nous poser tout au long de ce livre, est bien celle de la défense de l'intérêt général défini à l'échelle planétaire. Comment définir cet intérêt général ? Qui s'en préoccupe ? Qui en est garant ? Et qui peut en introduire la préoccupation au cœur des processus de négociation ?

CHAPITRE II
Mondialisation : des mots et de leur réalité

PEUT-ON, en partant d'une idée partagée de l'intérêt général, donner à nos boussoles un nord éthique, quelques principes directeurs qui indiqueraient la direction à suivre pour cheminer vers un monde vivable et durable ?

Le monde présente des territoires, des sociétés, des économies, des cultures, qui, du fait de leurs histoires et de leurs géographies, expriment une grande diversité. Une mondialisation qui nierait ou contribuerait à réduire cette diversité, cette bio, éco ou sociodiversité, ne mériterait que d'être combattue. L'affirmation d'une pensée unique conduisant à un formatage et à une normalisation du monde est bien sûr une question d'actualité. Prenons acte, refusons et réfléchissons à d'autres perspectives.

L'alternative, que nous cherchons, ne s'appuie sans doute pas sur la négation de la mondialisation, même si cette posture est parfois la seule possible. Les esclaves, sous le joug de leurs maîtres, ont inventé le marronnage, qui fut une étape dans la lutte contre un modèle esclavagiste puissant et oppresseur. Henri Laborit a intitulé l'un de ses livres de psychanalyste *L'éloge de la fuite*. Acceptons ces démarches qui peuvent sauver du pire des groupes considérables et particulièrement vulnérables, par exemple, les paysanneries, qui accueillent près de la moitié de l'humanité et qui, dans le contexte actuel, sont laminées par la manière dont se développent les échanges internationaux, par la guerre commerciale mondiale. Sauver du pire, disions-nous : oui, si le temps du marronnage débouche sur un monde libéré de l'esclavage. Les antimondialistes, eux-mêmes, souhaitent aujourd'hui être reconnus comme des altermondialistes.

L'alternative n'est sans doute pas non plus à rechercher dans un bouleversement complet des fondations et des fondements de la mondialisation. Cette planète de six milliards de personnes physiques et de centaines de millions de personnes morales, dont les économies sont déjà fortement intégrées, ne peut sans doute plus faire table rase du passé et opérer une révolution radicale de ses régulations. Cette piste ne subsiste plus d'ailleurs que dans quelques intellects et ne résiste pas à l'exercice des responsabilités politiques. Abandonnons-la aux intellectuels dont les cogitations sont, quoi qu'il en soit, stimulantes.

Notre souci est plutôt de revisiter les fondements de la démocratie et du développement économique et d'apprécier les conditions dans lesquelles celle-là et celui-ci pourraient permettre de produire à la fois de la croissance économique, du progrès social et du progrès environnemental. Il s'agit d'interpeller la mondialisation et de lui donner ou, plus exactement, de lui imposer un cahier des charges social et environnemental.

Une démocratie mondiale balbutiante

La démocratie repose, dans sa définition classique, sur une interaction entre trois pouvoirs indépendants : le pouvoir législatif, le pouvoir judiciaire et le pouvoir exécutif. L'œuvre de Montesquieu est datée et localisée, elle est celle d'un aristocrate bordelais de la moitié du XVIIIᵉ siècle, le Siècle des lumières, mais sa théorie des trois pouvoirs résiste à l'épreuve du temps. Fonder, à quelqu'échelle géographique que ce soit, le cadre politique sur le droit, et sa déclinaison en droits civiques, économiques, sociaux et culturels, est aujourd'hui un principe largement admis. À l'échelle internationale, la Déclaration universelle des droits de l'homme et les deux pactes qui la prolongent, l'un consacré aux droits civiles et politiques, l'autre aux droits économiques, sociaux et culturels (DESC), sont la référence commune pour les pays membres et le cœur de l'Organisation des Nations unies, un cœur qui doit battre pour tout le système des Nations unies, agences spécialisées incluses. Mettre l'accent sur le droit, c'est mettre l'accent sur les trois pouvoirs qui le fondent comme principe directeur de la construction du monde. Il est vrai que chacun de ces pouvoirs peut prendre des formes très diverses. Les Tables de la Loi ou la Charia n'ont pas eu besoin de processus législatifs pour se revendiquer comme des références universelles !

Nous appelons aujourd'hui souvent *gouvernance* l'ensemble des instances ou des forces qui contribuent à donner une direction ou à mettre en mouvement une institution formelle ou une entité informelle. Vue ainsi, cette notion touffue permet d'éviter de définir des règles et des procédures de prise de décision. Un tel évitement ne fait en général pas l'affaire des faibles ou des timides. Si l'on souhaite clarifier les conditions de prise de décision et leur restituer un caractère démocratique, il faut donner à la gouvernance une définition précise. Et, pour donner un contenu consistant à cette notion de gouvernance, notion incertaine et, au niveau mondial, très embryonnaire, il est préférable d'en revenir, aussi bien pour la gouvernance mondiale que pour les gouvernances locales, nationales ou régionales, aux trois pouvoirs fondateurs énoncés par Montesquieu et aux conditions qui sont nécessaires à leur constitution et à leur pérennité, ainsi qu'à leur interaction.

Première question :
Existe-t-il un pouvoir législatif international ?
Le pouvoir législatif international est éclaté entre de nombreuses scènes et de nombreux processus de caractère législatif. Ce sont en fait les gouvernements nationaux, représentés par leurs diplomates, qui font office de législateurs. Les instances mondiales sont des instances intergouvernementales. D'autres formules seraient possibles : les législateurs pourraient être élus par les citoyens du monde et constituer une Assemblée législative mondiale ; ils pourraient être des élus représentant les parlements nationaux. Ils sont des représentants des pouvoirs exécutifs nationaux – chefs d'État, ministres ou hauts fonctionnaires. C'est un choix qui

s'explique et qui ne met pas en cause la notion de pouvoir législatif mondial. Par contre, l'éclatement et la diversité des processus de nature législative entraînent des insuffisances et des contradictions paralysantes. Le droit commercial, qui définit les modalités de l'échange international et joue un rôle majeur dans la distribution des richesses et des pauvretés mondiales, s'élabore et se formalise dans des accords qui se négocient dans le cadre de l'Organisation mondiale du commerce (OMC). Le droit environnemental est la somme de plus de cinq cents conventions internationales, négociées et suivies par d'innombrables instances, qui souvent s'ignorent entre elles et, en tous cas, procèdent de légitimités différentes. Le droit social est d'un style différent, puisqu'il s'élabore pour partie au sein de l'Organisation internationale du travail (OIT) entre des délégations nationales composites de représentants des États, des patronats et des syndicats. Hors le droit du travail, les autres droits sociaux sont, eux aussi, élaborés dans le cadre de nombreuses conventions internationales (droits des enfants, droits des femmes, droits de l'alimentation, droits de la santé, etc.). Les droits civiques et politiques sont élaborés et adoptés soit dans le cadre de l'ONU *stricto sensu* soit dans celui d'organisations régionales assorties de cours de justice : conseil de l'Europe, cour européenne des droits de l'homme.

Cette dispersion des différentes familles de droits entraîne deux problèmes majeurs, celui de la cohérence et celui de la hiérarchie entre les différents ordres de droits. De fait, le droit commercial, celui des affaires et des entreprises, prime sur tous les autres droits économiques, sociaux et culturels. C'est d'ailleurs le seul ordre de droit qui dispose d'un outil de justiciabilité efficace, l'Organe de règlement des différends (ORD), qui siège et rend son verdict dans le cadre de l'OMC, sans souci des autres familles de droits.

Deuxième question :
Existe-t-il un pouvoir judiciaire international ?
Le pouvoir judiciaire international est particulièrement faible dans les matières touchant à la gouvernance mondiale. Et, surtout, il n'est accessible qu'aux gouvernements. Dans le champ géopolitique, le Conseil de sécurité peut condamner le comportement d'un gouvernement par le vote d'une résolution. Les juges sont, là encore, des diplomates dont la référence est moins un quelconque corpus juridique que le positionnement du cas jugé dans le jeu diplomatique international. Le droit de veto, dont disposent les cinq membres permanents du Conseil de sécurité, paralyse la capacité de condamnation du Conseil de sécurité et l'action de l'ONU dans nombre de conflits, dès lors que la région ou le sujet traités, intéresse particulièrement un ou plusieurs membres permanents. Pendant plus de quarante ans, la guerre froide a paralysé le Conseil de sécurité. L'usage du droit de veto, ou seulement son existence, et l'utilisation de chaque litige par les chefs de file du conflit Est-Ouest pour faire avancer leurs positions respectives ont empêché l'ONU de jouer son rôle dans la résolution des conflits. Chaque jour l'inacceptable a dû être accepté. Depuis la chute du mur de Berlin en novembre 1989, et plus nettement encore depuis la prise de fonction du Président George Walter Bush le 20 janvier 2001, le réflexe unilatéraliste américain et la volonté de ruiner l'idée même du multilatéralisme fait

peser sur l'ONU un autre risque de paralysie. Mais, même si une résolution arrive à être votée, la condamnation ne sera suivie d'effets que si les puissances en acceptent le principe. Les nombreuses condamnations sur le non-respect des frontières par l'État d'Israël sont restées lettres mortes, tout comme la non-approbation de l'intervention américaine en Irak.

Dans le domaine des violations massives des droits de l'homme, la Cour pénale internationale (CPI), qui est toute jeune et qui est toujours combattue par les États-Unis et leurs proches alliés, devrait permettre de systématiser ce qui n'était jusqu'alors que des juridictions d'exception constituées pour juger les responsables de crimes contre l'humanité commis au Rwanda ou en Bosnie. Beaucoup d'espoirs sont placés dans la fonction judiciaire de la CPI, mais aussi dans le caractère dissuasif d'une possible condamnation des crimes contre l'humanité. Peut-être sortirons-nous de la traditionnelle impunité de ces crimes, qui découle d'une application jusqu'au-boutiste des principes de souveraineté nationale et de non-ingérence ainsi que de l'immunité diplomatique dont peuvent souvent se parer les auteurs de ces crimes.

Dans le domaine du commerce, nous avons mentionné l'ORD, organe de l'Organisation mondiale du commerce, qui constitue une juridiction particulière reposant sur un système de plaintes, d'instructions et de jugements et donnant droit au pays lésé de se faire justice lui-même. Il s'agit d'un système intéressant, mais, disons-le, d'une justice de pays riches et puissants. Les pays pauvres n'ont pas même les moyens de constituer le dossier qui leur permettrait de porter plainte. Ils manquent à la fois de juristes et d'experts capables d'affronter les bataillons mobilisables par la partie adverse – ou simplement des moyens financiers permettant de les mettre à leur service. Le pourraient-ils et auraient-ils gain de cause, qu'ils n'auraient aucune possibilité de se faire justice contre des pays puissants. En admettant que le Tchad porte plainte contre les distorsions introduites par les subventions versées par l'administration américaine à ses producteurs de coton et que l'ORD lui donne raison, quelles rétorsions pourraient bien trouver le Tchad et, surtout, comment pourrait-il tordre le bras des États-Unis et se faire justice ?

Ces juridictions internationales sont balbutiantes et incertaines, car, les pouvoirs exécutifs ayant la main sur elles, la raison d'État prime immanquablement sur l'application du droit. Mais, ces juridictions ont malgré tout le mérite d'exister. Ce n'est pas le cas pour les droits sociaux et environnementaux pour lesquels le vide juridictionnel est quasi total. Les instances de suivi des innombrables conventions ne disposent dans ces deux domaines d'aucun pouvoir judiciaire, pas même d'une force de dénonciation du comportement des gouvernements délinquants. Il est vrai que, dans notre monde, ces droits, pourtant universels, sont si peu respectés que nous serions tous condamnés pour non-assistance à personnes ou à peuples en danger, si des juridictions existaient et faisaient leur travail ! Cette situation nous amène à considérer que ces droits, pour s'imposer, doivent devenir des objectifs et des conditionnalités pour les acteurs économiques et pour les processus de production. L'exclusion massive de centaines de millions de personnes hors de l'activité économique et la soif

d'exploitation du patrimoine commun rendent déri-
soires les maigres politiques publiques qui s'attaquent
aux drames sociaux et aux hypothèques environnementales. Les courses de vitesse entre exclusion et
inclusion des ressources humaines et entre exploitation
et régénération des ressources naturelles sont perdues
d'avance si on laisse exclure des centaines de millions
de personnes et exploiter les meilleures ressources de la
planète sans contraintes sociales et environnementales.
De ce point de vue, les zones de non-droit – paradis
fiscaux ou zones franches –, qui se multiplient et qui
n'ont pas besoin d'épaisseur géographique, ont des
effets dramatiques en ce qu'elles entraînent l'ensemble
du jeu vers la délinquance financière, le dumping fiscal
et la moins-disance sociale et environnementale.

Troisième question :
Existe-t-il un pouvoir exécutif international ?
Le pouvoir exécutif international est, comme les deux
autres pouvoirs, de nature intergouvernementale. Il se
constitue et s'exerce dans le cadre de nombreuses organisations internationales qui allient gouvernance intergouvernementale et administration internationale.
Les organisations internationales onusiennes sont en
général dotées de moyens limités et sont dans l'incapa-
cité de pouvoir remplir leurs mandats. L'ONU et ses
agences spécialisées n'ont ni les mandats politiques ni
les moyens financiers nécessaires pour, à la fois, s'in-
terposer dans les conflits, contribuer au règlement des
crises humanitaires, appuyer le développement économique des pays en difficulté et déployer des politiques
sociales pour permettre à tous les citoyens de bénéficier
de leurs droits universels. Il en va différemment des

institutions financières internationales, les IFI (FMI, Banque mondiale, banques régionales), qui s'appuient, depuis la conférence de Monterrey, sur un cadre d'intervention consensuel et qui disposent de moyens conséquents aussi bien pour leur propre fonctionnement que pour les activités dont elles ont la charge.

Ce rapide tour d'horizon des trois pouvoirs, fondateurs d'une possible démocratie mondiale, montre qu'ils ont tous les trois des faiblesses quantitatives et qualitatives qui interdisent à ce jour à une gouvernance mondiale démocratique et suffisamment puissante de s'imposer aux acteurs économiques multi ou transnationaux et aux pouvoirs nationaux délinquants. Ces conditions rendent aujourd'hui illusoire la construction, à l'échelle mondiale, d'un « état de droit international » susceptible de s'imposer aux forces financières et économiques, qui sont les moteurs de la mondialisation contemporaine. Elles freinent ou interdisent la définition d'un cahier des charges qui obligerait la croissance économique à produire du progrès social et environnemental.

Le développement durable n'est encore qu'une farce

Le développement durable est présenté comme un processus permettant concomitamment une croissance économique, un progrès social et un respect du patrimoine commun. Il se manifeste par une attention portée à la fois à la manière de produire de la richesse et à sa répartition entre les partenaires du processus de production. On le présente maladroitement comme la juxtaposition de trois piliers économique, social et environnemental, voire d'un quatrième pilier culturel, en attendant que d'autres protagonistes se réveillent et réclament l'adjonction de nouveaux piliers. Le développement durable se transforme avec le temps en une véritable colonnade. Plutôt que de juxtaposer des logiques contradictoires, le développement durable doit au contraire internaliser dans les processus économiques de production de biens et de services des objectifs et des obligations de caractère social et environnemental.

Avant d'entrer dans l'analyse du contenu réel du développement durable, un premier commentaire, lourd de conséquences, s'impose sur la concordance des statistiques avec la réalité de l'économie. Les économistes, mais aussi aujourd'hui les responsables et les citoyens, analysent, proposent et évaluent les politiques à partir de statistiques et de modèles qui sont censés représenter la réalité du monde, de la société et de l'économie. Pour exprimer nos doutes sur cette concordance entre statistiques et réalité, prenons un exemple : selon les statistiques officielles, telles qu'elles apparaissent dans le rapport 2004 de la conférence des Nations unies pour le commerce et le développement (CNUCED), les échanges internationaux correspondraient à 43 % du PNB des pays les moins avancés (PMA). N'importe quel voyageur parcourant l'un des PMA peut conclure après quelques jours et sans hésitation que ce chiffre n'a aucun sens. Les PMA ont généralement une très large proportion de leur population – plus de 80 % – dans l'agriculture et l'artisanat alors que la part internationalisée de l'économie reste modeste. Ce chiffre exorbitant de 43 % du produit national brut (PNB) vient simplement du fait que les statistiques ne prennent en compte qu'une faible part de l'agriculture paysanne, de l'artisanat, de la production de services, de l'économie informelle, de l'économie souterraine... Bref, les statistiques ignorent précisément toutes les activités économiques qui permettent à l'immense majorité de la population de vivre ou de survivre. Elles sont le plus souvent calculées à partir des enregistrements des douanes, ce qui survalorise évidemment les activités d'échanges extérieurs dans le calcul du PNB. Il arrive de rencontrer quelques statisticiens auprès des services des douanes, mais on en a très rarement vu dans les mornes haïtiens ou dans les brousses africaines. Il ne faut pas s'étonner que l'on trouve à l'arrivée une corrélation entre croissance du PNB et croissance des échanges extérieurs et, donc, que se vérifie à tous coups le consensus de Washington/Monterrey. Cette corrélation n'est qu'une tautologie statistique ! Que la politique macro-économique détruise l'agriculture et précipite 70 % de la population vers un néant économique ne fait pas bouger le PNB. Bien au contraire, celui-ci va bondir si les nationaux se mettent à manger du blé importé plutôt que du mil national ! On raisonne sur quelques points de croissance annuels (en l'occurrence de la part mondialisée de l'économie) et on crie victoire lorsque l'on dépasse les 3 ou 4 %, alors que l'on ignore la détérioration, voire l'asphyxie, des économies locales. Voilà les statistiques sur lesquelles se construisent les modèles économiques, qui s'imposent face aux raisonnements de bon sens et à l'observation et qui servent à fonder les politiques macro-économiques. Les statistiques ignorent une partie considérable de l'économie, par contre elles mesurent des revenus qui proviennent de la décapitalisation des unités de production, notamment agricoles, et de la destruction du patrimoine naturel. Les statistiques, que l'on nous sert comme des arguments définitifs, sont incomplètes et fausses. Elles résultent d'une myopie scientiste qui réduit l'économie à des chiffres, faux de surcroît !

Nous ne nous occuperons pas à ce stade de ce qui constitue l'axe central du développement, qu'il soit durable ou non : la croissance économique. La majeure part de celle-ci, comme nous venons de le voir, est ignorée. Nous en traiterons ultérieurement. La part mondialisée de l'économie, celle qui apparaît dans le PNB, est portée par des acteurs dominants du jeu et elle est bien défendue. Regardons plutôt comment les préoccupations sociales et environnementales sont prises en compte. En clair et schématiquement, disons qu'il faut faire marche arrière et contredire la pression historique exercée par les détenteurs de capitaux depuis l'invention du capitalisme. Cette pression pousse les entrepreneurs à externaliser toute obligation sociale, territoriale et environnementale qui pourrait nuire au rendement financier de leurs entreprises. Elle oblige les gouvernements à lever les contraintes sociales et environnementales qui pèsent sur les entreprises. La responsabilité sociale des entreprises est célébrée à tous les coins de séminaires alors qu'une irresponsabilité quasi totale en ce domaine se manifeste au contraire chaque jour davantage. Cet allégement des contraintes est permis à la fois par la dérégulation, donnant une liberté de mouvements toujours plus grande aux capitaux, aux biens et aux services, et par la puissance de feu des acteurs économiques et financiers multi ou transnationaux. Dans le capitalisme contemporain, le poids des actionnaires, souvent des fonds de pension, est devenu considérable. L'exigence d'une rentabilité annuelle du capital de 15 % induit un *management* des entreprises déséquilibré. Les ressources humaines servent de variables d'ajustement et sont l'objet de licenciements abusifs dans la mesure où les dirigeants se débarrassent des secteurs de leurs entreprises qui ne sont pas capables de rémunérer les capitaux à ce niveau. De plus, dès lors qu'il limite la rentabilité financière, le « patriotisme économique » vole en éclat, au bénéfice de politiques de délocalisation.

L'externalisation des obligations sociales est justifiée par deux arguments principaux : l'idée que, dans un contexte de mondialisation et de compétition internationale, l'entreprise doit être libérée de contraintes qui pourraient réduire sa compétitivité et l'idée qu'il y a une division du travail entre les entreprises et les pouvoirs publics, ceux-ci devant prendre en charge par des politiques publiques les laissés-pour-compte et les externalités négatives de la croissance économique. Sauf qu'à l'échelle mondiale, les besoins de politiques sociales et environnementales grandissent vertigineusement alors que les ressources fiscales baissent et que la capacité des pouvoirs publics s'érode dramatiquement. La captation des meilleures ressources et des marchés les plus rentables asphyxie les économies locales qui permettent encore aux trois quarts de l'humanité de vivre ou de survivre. La richesse et la pauvreté s'accumulent, chacune de leur côté ; des fossés vertigineux se creusent, des fractures irréparables déchirent les communautés nationales et le semblant de communauté internationale.

La lecture de ce processus est quelque peu compliquée par le fait que la polarisation économique du monde, dans un contexte de mondialisation, ne recoupe plus les frontières nationales. Les poches de richesse léopardisent la carte du monde alors que des océans de misère entourent ces enclaves de prospérité. Quatre milliards d'êtres humains s'efforcent de grappiller quelques miettes et sombrent dans l'impuissance et la frustration face aux conditions concrètes et abjectes de vie et à l'impossibilité d'en sortir par des voies légales. La pauvreté n'est pas une nouveauté – les allumettes se vendaient déjà à l'unité dans les quartiers de Port-au-Prince il y a vingt ans – mais le sentiment d'impuissance grandit. Résultat : faute de pouvoir s'en sortir par des moyens légaux, les exclus sont contraints de se tourner vers les réseaux économiques souterrains, ceux de la prostitution, des trafics illicites, de la délinquance quotidienne. De leur côté, faute de pouvoir régler les problèmes de réinsertion économique des exclus, les gouvernements mettent en place, à toutes les échelles, des politiques sécuritaires. Leur spectre s'étale de la lutte contre la délinquance urbaine jusqu'à la lutte contre le terrorisme international. Un monde de violence émerge de la foule immense et désespérée des exclus. Il répond, sans jamais pouvoir l'égaler, à la violence des processus d'exclusion et appelle à son tour la violence sécuritaire des pouvoirs publics. Cette spirale est sans fin, du moins si on ne s'attaque pas à la première cause du processus, la paupérisation et l'exclusion.

Première question :
Y a-t-il une place pour les préoccupations sociales dans le développement économique ?
Qu'ont à proposer les gouvernements, les organisations internationales, les experts internationaux aux

centaines de millions d'exclus économiques et sociaux ? Un milliard d'emplois salariés ? Un appui à la création d'un milliard de micro-entreprises ? Un « Revenu minimum universel » ? Rien de tout cela, en tous cas, qui soit à la hauteur des besoins d'insertion ou de réinsertion du milliard deux cent millions de pauvres, des possibles deux milliards cinq cent millions de paysans condamnés par un processus de « modernisation compétitive » à quitter l'agriculture et à entrer dans la pauvreté, et des trois milliards de personnes attendues de la croissance démographique dans les trois ou quatre prochaines décennies. Ce n'est pas la mondialisation qui va créer ces milliards d'emplois salariés et ce n'est pas non plus avec 0,3 % du PNB des pays de l'OCDE consacrés à l'aide publique au développement que l'on va mettre en œuvre des politiques sociales à l'échelle mondiale. Ce n'est pas plus avec le microcrédit, même si sa contribution est précieuse, que l'on pourra remettre en jeu les milliards d'exclus.

Tous les chefs d'État se sont engagés en septembre 2000 à sortir la moitié du milliard deux cent millions de pauvres de leur pauvreté d'ici 2015. C'est le premier des huit objectifs du millénaire pour le développement (OMD). Mais, malgré les bonnes performances économiques de certains pays du Sud (telles que celles-ci sont chiffrées par la statistique mondiale), le bilan au tiers du parcours (2000-2015) montre que l'on est ni dans le rythme ni dans la bonne direction. Il faut certes s'occuper de la pauvreté et des pauvres, mais il faut surtout prendre la mesure de la paupérisation et de son aboutissement, l'exclusion. Nous risquons d'assister dans les 10 ans qui nous séparent de 2015 à de véritables hémorragies, qui, outre qu'elles aggravent le drame vécu par les exclus, peuvent mettre en péril l'économie, l'environnement et la société mondiale. Ce risque d'hémorragies, qui est l'une des toutes premières questions contemporaines, mérite que l'on s'y arrête.

Il y a aujourd'hui près de trois milliards de personnes dont la vie ou la survie sont directement liées à une activité agricole, soit près de 50 % de la population mondiale. Il y a dans la tête des experts l'idée – sans doute techniquement juste mais économiquement, socialement et politiquement irresponsable – qu'il suffirait de 2 à 4 % de la population mondiale affectés à l'agriculture pour nourrir l'humanité et pour produire de la biomasse énergétique et des matières premières agricoles pour l'industrie. Cette idée correspond aux statistiques nord-américaines et européennes. Elle correspond aussi au modèle agricole en vigueur dans les pays leaders du groupe de Cairns – Canada, Argentine, Brésil, Australie, Nouvelle-Zélande, Afrique du Sud, Malaisie et quelques autres pays d'Amérique latine. Le groupe de Cairns se fait discret depuis l'émergence du G20, qui ne comprend que des pays du Sud et qui défend les mêmes positions. Pour ces pays, vastes territoires de colonisation foncière, ces chiffres ont été établis dès l'époque de la colonisation. Au Canada, aux États-Unis, au Brésil, en Argentine (et dans la plupart des pays d'Amérique latine), en Australie, en Nouvelle-Zélande, en Afrique du Sud, au Zimbabwe, en Malaisie, les terres ont été récupérées par la puissance coloniale et distribuées à un petit nombre de serviteurs du régime. L'indépendance a été décrétée par les colons avant le possible éveil des peuples colonisés et, depuis lors, la structure foncière est restée en l'état. Les Indiens, les Aborigènes, les Maoris, ont été priés de céder la place et, au mieux, de bien vouloir rejoindre des zones sans intérêt économique. Les Français, en retard d'une colonisation et d'une indépendance, ont, de ce point de vue, raté leur coup en Afrique du Nord, en Asie du Sud-Est et en Afrique. Les peuples indigènes n'ont jamais été inclus dans la statistique, qui ne mesure que l'échange monétaire, de préférence international, et ont maronné, assurant une maigre autosubsistance à leurs familles et à leurs communautés. Ils ne sont d'ailleurs toujours pas dans les statistiques. Aujourd'hui encore, dans ces pays, ce qui reste de l'économie des peuples indigènes est tout juste considéré comme des activités folkloriques soutenues par quelques revenus touristiques et quelques aides sociales.

2 à 4 % de la population mondiale dans l'agriculture, c'est aussi ce qui est inscrit dans le logiciel de la libéralisation, obsession des grands agro-exportateurs qui mènent la danse à l'OMC. Cette perspective, synonyme d'une grande évacuation des campagnes, n'est pas énoncée bien clairement, sauf chez les libéraux les plus doctrinaires, pour qui la grande évacuation du secteur agricole de ses paysans jugés improductifs est un processus historique nécessaire qui doit conduire l'économie mondiale vers son optimum ! Cette idée, qui peut être considérée comme techniquement fondée, risque de nous valoir 2,8 milliards d'exclus supplémentaires, et de nous amener en 2015 à 3,4 milliards d'exclus et de nouveaux pauvres, auxquels s'ajoutera la plus grande part du croît démographique attendu. Nous avons pris soin de retirer de ce calcul les 600 millions de pauvres que les chefs d'État se sont engagés à sortir de la pauvreté d'ici 2015, un pari pourtant déjà bien compromis. Il est vrai que des épidémies, comme le Sida, qui a déjà fait baisser l'espérance de vie des habitants de certains pays

d'Afrique australe de près de 10 ans et l'a fait redescendre en dessous de 40 ans, que des guerres de décomposition et de sauve-qui-peut, comme les guerres africaines contemporaines, et que la famine des pauvres vont piocher dans cette immense réservoir de misère. Les « trois fléaux » – la peste noire, la guerre de Cent ans et la famine – ont décimé en Europe, au XIVᵉ siècle, les deux tiers de la population. Ces mécanismes sont de retour en ce début de XXIᵉ siècle, mais nous ne pouvons pas croire que les citoyens du monde les laisseront exprimer toute leur puissance de mort. Nous ne pouvons croire que l'on ne mettra pas un coup d'arrêt au processus d'exclusion qui se développe et risque d'exploser dans les dix ans à venir. Nous connaissons bien ce mécanisme qui provoque la paupérisation des paysans, leur endettement, l'exploitation de leur capital et de leur patrimoine (qui est aussi celui de l'humanité), enfin l'exclusion, particulièrement si le paysan est en régime de métayage ou de fermage ou si, petit propriétaire, un usurier l'oblige à hypothéquer sa terre. Cet enchaînement commence par la paupérisation qui est directement liée au déclin des prix agricoles. Cette question des prix agricoles et de la rémunération du travail paysan est l'une des questions majeures de notre temps. Nous la retrouverons lorsque nous parlerons des négociations commerciales.

Deuxième question :
Y a-t-il une place pour les préoccupations environnementales dans le développement économique ?
L'importance que nous accordons à l'irresponsabilité sociale des processus économiques ne doit pas faire

oublier le traitement que ceux-ci réservent à la question environnementale. Remettrons-nous à nos enfants et aux générations futures un patrimoine enrichi, conservé, appauvri ou dégradé ?

Nous savons que pour y voir clair dans la gestion d'une entreprise nous devons pouvoir analyser en fin d'année à la fois un compte d'exploitation et un bilan de l'évolution des actifs et des passifs. Un ménage qui vend ses bijoux ou quelques propriétés familiales ne s'enrichit qu'en apparence. Nous ne connaissons pas avec précision l'évolution du patrimoine mondial, mais nous savons que les prélèvements sont permanents et les apports très occasionnels. Les réserves minérales de nos sous-sols sont prélevées sans compensation et les ressources en sols et en biomasse s'appauvrissent. Ces mouvements sont à sens unique. À l'exploitation de ces ressources s'ajoute leur dégradation car elles sont victimes de toutes les pollutions liées aux activités humaines. Nous vivons sur l'exploitation de notre capital et nous nous félicitons d'avoir un revenu qui grandit de 2 à 3 % l'an sans pouvoir préciser la part de réalisation du capital qui est incorporée dans ce calcul. Nous aurons épuisé au cours du siècle qui commence l'essentiel des ressources sur lesquelles sont construits nos modes de production et aurons mis en exploitation les dernières grandes forêts de la planète. En France, les grands défrichements ont été achevés au XIIIᵉ siècle et, depuis lors, la forêt couvre toujours le tiers de notre territoire. Mais le blocage du modèle agricole extensif du Moyen Âge a introduit une sorte de plafond démographique aux alentours de 20 millions d'habitants qu'il a fallu près de cinq siècles et quelques révolutions technologiques et sociales pour relever. Nous observons aujourd'hui les frontières agricoles et les fronts pionniers gagner sur les grandes forêts et les réduire à vive allure. Sans parler de l'Amazonie, des forêts indonésiennes ou africaines, qui fondent sous la pression commerciale plus encore que démographique, citons l'exemple de l'État du Paraná au Brésil qui était, il y a quelques décennies, forestier à 80 % et qui ne possède plus aujourd'hui que 15 % de forêts résiduelles. Dans le nord-est de la Thaïlande, la forêt qui, en 1970, représentait 60 % du territoire, n'en couvre plus aujourd'hui que 10 %.

Notre planète a souffert et souffre des modes de développement adoptés par les pays industrialisés du Nord. Nous avons mentionné les empreintes écologiques disproportionnées de ces pays. Mais cette situation risque de se détériorer plus rapidement encore avec l'adoption, à plus grande échelle, de ces mêmes modes de développement par des pays-continents comme la Chine et l'Inde. Nous ne pouvons pas sanctuariser les hiérarchies économiques mondiales et empêcher ces pays de monter quelques marches pour rejoindre, voire remplacer, les pays occidentaux en haut de l'échelle. Le système de compétition ouverte et internationale que nous avons mis en place, est particulièrement dangereux du point de vue écologique car nous savons que les gains de compétitivité s'y font en partie grâce à l'ignorance de toute contrainte sociale et environnementale. Aujourd'hui, comme les concurrents des pays occidentaux sont en mesure d'en bénéficier, il est bien difficile de changer les règles du jeu. Les modes de production et les modes de consommation, qui sont ceux des pays du Nord, sont face à des murs dressés devant nous à l'horizon de quelques décennies.

En considérant la question de l'exclusion sociale comme majeure, nous posons d'abord le problème de l'accès équitable aux ressources et de la répartition juste des richesses produites. C'est en définitive un problème de lutte entre pays, classes, individus. En mettant en avant la question de l'«insoutenabilité» ou de la non-durabilité de nos modes de production et de consommation, nous avançons sur un terrain encore plus difficile, celui d'une remise en cause profonde de nos modes de vie et, probablement, de la densité démographique compatible avec la préservation d'un patrimoine dont l'humanité dispose et qu'elle doit transmettre à ses enfants comme nous l'avons reçu de nos pères. Nous touchons donc à des questions si complexes que nous nous demandons si la seule solution n'est pas d'attendre que des régulations naturelles, même si celles-ci risquent d'être dramatiques, opèrent.

Aucune solution envisageable ne s'exprime et ne s'envisage à un niveau politique. Ce n'est pas l'expérience de quelques néo-ruraux ou la subsistance des derniers Indiens d'Amazonie ou des derniers Pygmées d'Afrique centrale, même si leur disparition est à la fois scandaleuse et appauvrissante, qui nous ouvrent de grandes perspectives. Nous sommes contraints d'adopter deux attitudes : d'une part, faire des pas, même insuffisants, dans la bonne direction en œuvrant en faveur d'une évolution vers des modes plus économes en énergie et en ressources naturelles, et en luttant contre les pollutions et autres dégradations de nos environnements ; d'autre part, en appeler à la recherche pour que les scientifiques résolvent des problèmes encore aujourd'hui insolubles. Les chercheurs pourront-ils trouver de nouvelles sources d'énergie renouvelables ? Pourront-ils mettre au point de nouveaux matériaux à partir de matières premières elles aussi renouvelables ? Pourront-ils nous permettre de construire de nouveaux systèmes économiques écologiquement équilibrés tout en produisant un niveau et une qualité de vie socialement acceptables ? La pérennité de l'humanité et de la planète ne tient qu'à des paris d'autant plus risqués que les contraintes de temps données aux scientifiques se resserrent. Si ces rendez-vous étaient manqués ou si les recherches n'apportaient que des solutions partielles, le scénario aurait toute chance, là encore, d'être de nature sécuritaire : d'une part, pour permettre aux nantis un accès aux dernières ressources et pour prolonger des modes de vie de plus en plus inégalitaires ; d'autre part, pour cantonner les masses marginalisées dans des territoires lointains et laisser les guerres, les famines et les épidémies accomplir leur œuvre régulatrice. L'image des Africains prenant d'assaut les barbelés dressés autour de Ceuta et Melilla, postes avancés de l'Europe en terre africaine, et celle de la violence légale utilisée pour les repousser jusqu'au cœur du désert symbolisent, comme celle des *boat people*, le monde qui se construit sans trop le proclamer sur la base d'un *apartheid* mondial. N'est-il pas déjà bien tard pour oser parler de solidarité internationale ?

L'une des difficultés majeures à laquelle nous nous heurtons est, bien sûr, le manque de « représentation » des générations futures dans les processus électoraux qui fondent les régimes démocratiques. Le « après moi le déluge », qui règne dans des sociétés qui ne croient plus beaucoup au jugement dernier, fait peser sur le bon déroulement de l'Histoire une terrible incertitude. Ce n'est sans doute pas dans une démocratie représentative laissée à elle-même que de bons réflexes au regard de l'Histoire pourront s'exprimer. Le présent ou le futur immédiat l'emporteront, d'autant que les temps vont durcir les attitudes et renforcer le climat d'inquiétude. Une fois encore, nous sommes contraints de compter sur l'organisation de citoyens plus conscients que les autres des drames écologiques qui s'annoncent et sur les associations qu'ils constituent pour participer au jeu de la démocratie participative.

Une faible solidarité internationale

La solidarité est le troisième pilier qui complète le bipède démocratie/développement durable. Elle se construit dans toutes les civilisations dans les cellules élémentaires de la société : familles ou communautés. Mais, elle doit aujourd'hui s'établir à toutes les échelles où se construit un espace économique. C'est d'ailleurs l'une des tâches principales du pouvoir politique que de l'organiser. On ne peut concevoir un espace économique, fondé sur le marché libre, qui serait dépourvu de mécanismes de solidarité. Les processus économiques, basés sur la compétition entre acteurs économiques, entraînent mécaniquement une polarisation du territoire et de la société. Il faut obliger ces mécanismes à incorporer des objectifs sociaux et environnementaux, même s'il est plus que jamais nécessaire de mettre en œuvre des politiques sociales, territoriales et environnementales ; celles-ci permettront de compenser les handicaps de certains compétiteurs et aideront les personnes et les territoires exclus à revenir dans la partie. Dans le cas de la France, 44 %

du PNB est récupéré par l'État pour produire des biens publics et opérer des transferts de crédits vers des territoires, des personnes morales ou des personnes physiques qui ont été distancés ou exclus. Il faut ajouter les comptes sociaux qui représentent 8 à 10 % du PNB et qui, dans la tradition française, sont collectés sur la base des revenus du travail et répartis entre les citoyens en fonction de leurs besoins et, particulièrement, vers les personnes âgées, qui sont les plus consommatrices d'assurances maladie et, bien sûr, de retraites. C'est donc près de 52 % du PNB qui est consacré à la production de biens publics et aux dépenses de solidarité. Une petite partie de ces crédits sert à développer une politique de solidarité au niveau de l'Union européenne. L'entrée de dix nouveaux membres début 2004 et la perspective d'avoir à absorber quelques pays largement peuplés et économiquement moins avancés, comme, demain, la Roumanie et, peut-être après demain, l'Ukraine et la Turquie, vont élargir l'espace économique. Cependant, si nous maintenons le niveau de solidarité établi par les unions européennes à six, neuf ou quinze pays, ces choix risquent de faire exploser les budgets sociaux des pays européens les plus avancés, surtout s'il n'y a pas de réformes fiscales et si ces réformes ne sont pas assises sur un accroissement de la richesse disponible reposant sur le plein emploi.

Dans ces 52 % de PNB destinés à la production de biens publics et aux transferts de solidarité, il n'est consacré à la solidarité internationale que 0,5 % de ce même PNB, et la France est au-dessus de la moyenne des pays de l'OCDE qui s'établit autour de 0,25 % du PNB. Pourtant, les problèmes sociaux, les inégalités et les fractures sociales sont à l'échelle mondiale autrement plus importantes que celles que nous connaissons en France et les populations concernées incomparablement plus nombreuses. C'est dire qu'il est impossible d'envisager de pouvoir mener des politiques sociales à l'échelle mondiale. De plus, les dotations d'aide publique au développement (APD) sont aléatoires et incertaines. Elles relèvent d'un type de charité publique conditionnelle et temporaire. Si nous voulons avancer et aider réellement les pays et les peuples en difficulté, il faut mettre en place une fiscalité internationale qui prenne le relais des fiscalités nationales asséchées. Nous reprendrons ce point qui concerne la nature et la qualité des financements de la solidarité internationale, restons-en pour l'heure au volume des transferts.

À y regarder de près, l'APD, dont une partie, plutôt minoritaire, est réellement transférée vers les pays en développement et se transforme en investissements ou en appui aux acteurs économiques du Sud, n'équilibre pas les transferts Sud-Nord qui sont constitués par les remboursements de dettes, les transferts de capitaux des catégories privilégiées – et, dans certains cas, corrompues – des pays du Sud. À quoi il faut ajouter le déclin continuel des revenus tirés du commerce des produits de base agricoles. La dégradation des termes de leur échange est particulièrement nette pour les productions tropicales qui sont produites par des acteurs économiques locaux à la différence de ce qui se passe pour les minerais et les hydrocarbures, qui sont traités dès leur exploitation par des groupes multinationaux.

Malgré l'effort des contribuables des pays de l'OCDE en faveur d'une « aide publique au développement », il n'y a pas réellement de solidarité entre le Nord et le Sud de la planète, mais plutôt des flux Sud-Nord. La solidarité internationale ne peut contribuer ni en quantité ni en qualité à rééquilibrer une mondialisation économique qui a tendance à élargir toujours davantage le fossé qui sépare les pôles de richesse et les océans de pauvreté.

C'est dans ce contexte de balbutiement de la démocratie mondiale, d'incertitude du développement durable et de faiblesse de la solidarité internationale, que se déroule la négociation internationale. Celle-ci prend des chemins et des moyens différents pour donner à la mondialisation un cadre adapté. Il y a bien sûr débat sur le type de cadre ou d'encadrement dont le monde a besoin aujourd'hui. Ce sont ces différentes familles de négociations que nous allons essayer de caractériser dans le prochain chapitre.

Chapitre III

Les différentes familles
de négociations internationales

Les négociations internationales sont conduites dans des cadres et par des négociateurs qui varient selon les thématiques concernées. Cette diversité contribue à émietter la négociation, à cloisonner chacun des domaines et, en définitive, à brouiller le grand chantier de ce que nous appelions la construction du monde. Face aux nombreuses incohérences et contradictions qui s'expriment dans le corpus juridique international et dans l'action des organisations internationales, une réforme de l'ONU s'impose. Après soixante ans, la communauté internationale doit repenser la gouvernance mondiale et l'architecture des institutions internationales. La négociation internationale a besoin d'un système de pilotage plus cohérent et d'un meilleur équilibre entre les piliers géopolitique, économique, environnemental et social.

Une architecture mondiale dominée par les institutions financières internationales

C'est aux heures noires de la Seconde Guerre mondiale qu'émerge la conception de l'Organisation des Nations unies. Le mot lui-même, défendu par le Président Roosevelt, apparaît dans la « Déclaration des Nations unies » signée le 1er janvier 1942. Après les réunions de Téhéran (décembre 1943), de Dumbarton Oaks (octobre 1944) et de Yalta (février 1945), c'est à San Francisco (25 juin 1945) que la charte des Nations unies est approuvée par cinquante pays. L'ONU se met en place en octobre 1945 après la ratification de cette charte par les cinq membres permanents du Conseil de sécurité. Elle doit être la pierre angulaire d'un monde nouveau de paix et de droit que les pays souhaitent instaurer. La reconstruction des pays dévastés par le conflit et la mise sur pied d'un système monétaire et économique mondial se discutent dans un autre cercle et selon une autre logique. C'est à Bretton Woods en juillet 1944 que quarante-quatre pays créent le FMI, qui fonde le système financier sur le *Gold Exchange Standard* qui fait du dollar, convertible en or à un taux fixe de 35 dollars l'once jusqu'en août 1971, la monnaie de référence, et la Banque internationale de développement et de reconstruction (BIDR), qui sera chargée de mobiliser les financements nécessaires à la reconstruction. Deux familles d'institutions et deux types de gouvernance – le type ONU et le type Institutions financières internationales (IFI) – sont dès lors appelés à coexister.

L'ONU, dont la gouvernance est fondée sur le principe « un pays/une voix », avec une entorse de taille constituée par le droit de veto que se sont accordés les cinq membres permanents du Conseil de sécurité, est donc instituée comme le lieu de la discussion sur les questions de paix et de sécurité. Les autres sujets – économiques, sociaux et environnementaux, qui concernent tout autant la vie internationale – sont abordés sur un mode mineur. L'élargissement de l'ONU à plus de 140 nouveaux pays indépendants pousse l'organisation à aborder ces sujets, mais elle le fera dans un esprit social ou caritatif au travers d'instances *ad hoc*, comme son Conseil économique et social, et ses agences spécialisées, comme l'Organisation pour l'agriculture et l'alimentation (FAO), l'Organisation mondiale de la santé (OMS) ou l'Organisation des Nations unies pour l'éducation, la science et la culture (UNESCO). Les institutions financières internationales – FMI et Banque mondiale – dont la gouvernance est construite sur la base de l'apport en capital des pays membres et, donc, en fonction de leur PNB, occupent le terrain économique et financier. Le véritable moteur de la mondialisation est donc aux mains des pays les plus riches de la planète, et cela d'autant que la négociation des règles qui régissent le commerce mondial se fait sous l'égide du GATT (*General Agreement on Tariffs and Trade*) signé en octobre 1947 entre vingt-trois pays, qui entre en vigueur en janvier 1948. L'Organisation internationale du commerce, dont la création était prévue par la Charte de la Havane (mars 1948) ne verra pas le jour. Ce n'est qu'en avril 1995 que sera approuvée la création de l'Organisation mondiale du commerce (OMC) après les huit cycles (*rounds*) du GATT qui se terminent par le plus laborieux d'entre eux, l'*Uruguay round* (septembre 1986-avril 1994). L'OMC est une institution d'un type nouveau, qui s'apparente plus à un carrefour de négociations qu'à une organisation internationale proprement dite. La règle veut que les décisions y soient prises à l'unanimité, c'est-à-dire que théoriquement chaque pays dispose d'un droit de veto. En fait, les négociations sont conduites par groupes qui rassemblent des pays censés partager les mêmes positions et s'exprimer d'une seule voix.

Deux familles d'institutions et deux logiques de gouvernance sont appelées à coexister, mais leurs poids respectifs se déséquilibrent avec le temps. La montée en puissance des IFI et de l'unilatéralisme américain, qui réserve ses flèches aux Nations unies, effrite la position centrale de l'ONU. Ses agences spécialisées, paupérisées, sont cantonnées à des actions d'aide technique et à l'organisation de quelques grandes conférences de caractère social. Ces conférences (conférences sur l'habitat, la démographie, l'alimentation...) s'efforcent de faire avancer les droits internationaux, de rénover les institutions internationales compétentes et d'obtenir des moyens complémentaires, mais en général sans obtenir d'engagements véritables des pays membres. La Banque mondiale, qui bénéficie de la confiance des ministères des Finances qui représentent leurs États à son assemblée, ramasse en général la mise, quand mise il y a. Dans le domaine environnemental, le Programme des Nations unies pour l'environnement (PNUE), qui n'est pas une organisation des Nations unies mais un simple programme, n'arrive pas à s'imposer et à coordonner les accords innombrables qui concernent l'environnement. Ceux-ci sont traités par des instances qui restent confidentielles ou qui sont paralysées par la surveillance des institutions de Bretton Woods lorsque les sujets touchent de trop près aux questions et aux intérêts économiques et commerciaux. C'est le cas par exemple de l'Accord de Carthagène, protocole additionnel à la Convention sur la diversité biologique, signé à Montréal en janvier 2000 et entré en vigueur en septembre 2003, et qui reconnaît la nécessité d'appliquer le principe de précaution au commerce des « organismes vivants modifiés ». L'Organe de règlement des différends (ORD) de l'OMC ignore superbement cet accord pourtant ratifié ! Les quelque cinq cents accords internationaux de caractère environnemental ont été négociés et sont gérés dans la plus grande dispersion. Il en va différemment des accords commerciaux qui sont ancrés au sein de l'OMC et bénéficient d'un Organe de règlement des différends (ORD). Les huit *rounds* du GATT, et en particulier les trois derniers – le *Kennedy round* (mai 1964-juin 1967), le *Tokyo round* (septembre 1973-avril 1979) et l'*Uruguay round* (septembre 1986-avril 1994) – ont considérablement élargi le champ de la négociation commerciale : l'*Uruguay round* a ainsi ouvert les négociations dans les domaines de l'agriculture, des textiles et des services. Le moteur de la mondialisation économique, appuyé sur un consensus, celui de Washington complété à Monterrey en mars 2002, tourne à plein régime. Les moteurs des mondialisations politique, sociale et environnementale sont, eux, paralysés par l'absence de consensus diplomatique et par la faiblesse des moyens financiers. La réforme des Nations unies est à l'ordre du jour. Elle devait être abordée par les chefs d'État, lors de la conférence réunie à New York en septembre 2005 pour faire un premier bilan cinq ans après le Sommet du Millénaire (septembre 2000). Elle ne l'a pas été. Le processus est en effet périlleux car si certains pays souhaitent améliorer la gouvernance mondiale et rendre l'organisation plus opérationnelle, l'administration Bush, ne rate aucune occasion pour humilier l'ONU et entend réduire le peu d'opérationnalité qui lui reste.

Ordre mondial et résolution des conflits

L'ordre mondial, dans lequel nous sommes aujourd'hui installés, s'est instauré suite à la chute du mur de Berlin en novembre 1989. La fin de l'empire soviétique ouvre grand la porte à une hégémonie américaine alors incontestée. L'émergence de ce nouvel ordre mondial est vécue au début de la décennie 1990 comme un possible rassemblement de la communauté des nations autour de la résolution des grands problèmes de l'humanité et de la planète : paix et sécurité ; gestion durable de l'environnement mondial ; développement économique et progrès social. Cette vision généreuse et optimiste est encore celle qui domine lorsque les chefs d'État se retrouvent à Rio en juin 1992 au Sommet de la Terre autour du Président George Bush. Mais plutôt que de s'engager dans la résolution de ces problèmes mondiaux, les gouvernements accompagnent et soutiennent un mouvement généralisé de libéralisation. La globalisation économique et financière est censée résoudre elle-même les grands problèmes sociaux et économiques. Cette évolution est une victoire pour les entreprises multinationales qui incarnent et portent ce projet d'économie-monde ou de marché-monde. Le premier coup d'arrêt à ce processus de dérégulation et d'intégration des marchés est porté par des mouvements contestataires qui arrivent à bloquer la signature d'un accord multilatéral sur les investissements (AMI), qui se négociait à Paris sans aucune forme de débat démocratique dans les locaux de l'Organisation de coopération et de développement économique (OCDE). Forts de ce succès, ces mouvements s'attaquent à la logique financière et macro-économique qui prévaut dans les institutions financières et commerciales internationales. Cette contestation s'exprime à la faveur de la réunion de la conférence ministérielle de l'OMC de Seattle (décembre 1999), des réunions annuelles des Assemblées générales du FMI et de la Banque mondiale, des réunions du G8. Les mouvements antimondialistes, devenus depuis lors altermondialistes, s'attaquent aux IFI mais épargnent l'ONU.

Un autre blocage se produit dans le champ géopolitique entre, d'un côté, les États-Unis et leurs plus proches alliés et, d'un autre côté, des pays réfractaires au projet et aux réflexes hégémoniques américains. L'élection de George W. Bush et l'attentat du 11 septembre 2001 marquent un tournant. Le monde entre en guerre, une nouvelle ou troisième guerre mondiale, la guerre contre le terrorisme international. Le président américain, fort d'une puissance militaire considérable, développe une vision des relations internationales construite autour de la dialectique du Bien et du Mal et donne au *western* américain une dimension internationale. Pendant plus d'un an, la communauté internationale, pourtant si désunie, se retrouve enfermée dans deux « consensus » : celui de la lutte contre le terrorisme, dans le champ géopolitique, et celui de Monterrey, dans le champ économique. Le Conseil de sécurité, qui devait donner un mandat aux États-Unis pour que ceux-ci mènent la guerre d'Irak en son nom, refuse toutefois d'obtempérer. Première faille dans le nouvel ordre diplomatique de l'après-11 septembre.

L'attitude des pays face à l'ordre mondial est largement fonction de leur puissance. La puissance hégémonique, forte de son poids sur les différents champs de bataille, préfère un cadre multilatéral léger qui lui permet d'exercer sans trop de contraintes son *leadership* naturel, voire d'assumer au nom de la communauté des nations la gouvernance mondiale – un haut responsable américain déclarait qu'il serait favorable au système des Nations unies si le Conseil de sécurité n'était composé que des seuls États-Unis ! Les puissances moyennes ou régionales parlent volontiers d'un cadre multipolaire. Les pays pauvres ou petits cherchent la protection d'un chef de file puissant et réclament la mise en place d'un cadre multilatéral conséquent. D'une manière générale, mais les règles ont toujours de convaincantes exceptions, la force et la compétition sont les armes des puissants, le droit et la coopération, le bouclier des faibles. Nous retrouvons là quelques-uns des débats du moment : celui de l'unilatéralisme, du multipolarisme et/ou du multilatéralisme, celui de la mondialisation *versus* la régionalisation, celui du libre-échangisme *versus* la souveraineté nationale ou, encore, celui des mécanismes de marché *versus* la défense des droits humains.

Le rétablissement de la paix dans les pays du Sud où se développent de nombreux conflits, mais aussi les

nouvelles guerres préventives américaines, sont l'objet
de débats dans les enceintes internationales, dans les
médias et dans les opinions publiques. Comment
gérer la contradiction fréquente entre la reconnaissance
de la souveraineté nationale et le respect des droits de
l'homme ? Au-delà de quelle barbarie doit-on intervenir au nom du « devoir d'ingérence humanitaire » ?
Les réponses sont d'autant plus délicates que la hiérarchie entre les différentes catégories du droit international n'est pas établie ou pas respectée. Les
diplomates sont par nature conservateurs et souhaitent
préserver les principes sur lesquels se fondent leurs
métiers et éviter les appréciations subjectives. Ce sont
souvent les ONG et, parfois avec elles, les opinions
publiques qui poussent les gouvernements à intervenir.
Mais on peut aller très loin dans la logique du devoir
d'ingérence tant les droits universels, notamment les
droits économiques, sociaux et culturels, sont ignorés.
La question des conditions et des limites de l'usage
du droit d'ingérence humanitaire est toujours objet
de débat, sauf lorsque les actes d'un gouvernement
peuvent être qualifiés de crime contre l'humanité
ou de génocide. Encore faut-il qu'une instance,
dégagée d'arrières-pensées politiques ou géostraté-
giques, puisse qualifier ces crimes. Encore faut-il que
le pays concerné soit petit, pauvre et faible et qu'une
intervention ne présente pas trop de risques militaires
ou de manque à gagner commercial.

En fait, le débat sur le droit humanitaire est moins lié
aux procédures de résolution des conflits qu'à l'application des conventions de Genève définissant le droit de
la guerre ou qu'au simple rappel à tous et en toutes
situations des devoirs liés à la Déclaration universelle

des droits de l'homme. Ce rappel n'est inutile pour aucun des gouvernements, y compris pour les plus puissants d'entre eux qui pourtant ne se privent pas de donner des leçons de démocratie *urbi et orbi*. Nier l'humanité de l'adversaire est souvent le premier acte de guerre. S'attaquer aux populations civiles ou s'en servir de bouclier est devenu une pratique courante. Terroriser les populations civiles, méconnaître ou disqualifier la dignité de l'autre, violer les femmes, torturer les prisonniers sont autant de comportements qui tendent à se banaliser et contre lesquels se mobilisent les organisations humanitaires. Celles-ci soignent et s'efforcent de protéger les populations civiles, notamment celles qui sont déplacées et cherchent protection dans des camps de réfugiés. Mais elles ont aussi le devoir de recenser les atteintes aux droits humains et aux droits de la guerre et de dénoncer le non-respect des traités par les belligérants. Ce travail d'instruction permet de rassembler des preuves et des documents qui pourront être transmis, le moment venu et si les manquements sont graves et avérés, à la Cour pénale internationale. Le cas du Darfour est de ce point de vue une première : d'un côté, certaines ONG, comme Médecins du Monde, effectuent un travail de recensement des cas patents de violation des droits humains – la pratique du viol comme acte de domination et de négation de l'humanité de l'adversaire, par exemple –, de l'autre côté, les Nations unies, qui peuvent qualifier les actes dénoncés et transmettre le dossier constitué à la Cour pénale internationale, reconnue comme compétente en la matière. Le Darfour offre des milliers de cas, malheureusement les preuves sont toujours difficiles à recueillir d'autant que les témoignages s'évanouissent, car pour les victimes les violences qu'elles ont subies les excluent de leurs propres communautés et les exposent à de terribles représailles.

Le Conseil de sécurité est le lieu où se votent les résolutions sur les conflits entre pays et sur les comportements des gouvernements irrespectueux de la Charte des Nations unies. C'est le lieu où se décident les interventions de la communauté internationale et où se donnent les mandats aux pays membres pour qu'ils interviennent au nom de l'Organisation des Nations unies. C'est aussi l'espace où les diplomates ont l'impression d'exercer véritablement leurs compétences et d'être au cœur de leur métier.

Les négociations commerciales

La dernière décennie de négociations commerciales est marquée par plusieurs étapes majeures : fin de l'*Uruguay Round* et signature des accords de Marrakech (avril 1994), création de l'OMC (janvier 1995) et lancement du *Doha Development Round* (novembre 2001). C'est aussi la décennie du consensus de Washington, qui inspire depuis le début des années 1990 les politiques du FMI et de la Banque mondiale. Il se présente comme les Tables de la Loi avec ses dix commandements de la libéralisation de l'économie. La négociation commerciale, organisée au sein de l'OMC, est, elle aussi, tout entière vouée à la libéralisation du commerce. Les nombreux accords commerciaux signés dans le cadre ancien du GATT ou dans celui plus récent de l'OMC ont tous comme objectif de contribuer à cette libéralisation et de développer le commerce, ce qui doit, par hypothèse libérale et en vertu du 6ᵉ commandement, entraîner la croissance économique, le progrès social, la préservation de l'environnement et l'avènement de la démocratie. Malheureusement, c'est plus compliqué !

La marche vers le développement des échanges de biens, de services et de capitaux va s'accélérant. Le moins que l'on puisse dire est que cette course, si sûre d'elle-même, se fait à l'aveuglette, faute d'évaluations sérieuses des impacts des étapes précédentes de cette libéralisation, et sous la pression des acteurs économiques puissants, qui ont intérêt à l'ouverture des marchés. On aimerait savoir qui y gagne et qui y perd : quels groupes de pays ou de territoires, quelles familles d'acteurs économiques ou sociaux s'en sortent bien ou, au contraire, se trouvent entraînés dans des processus de paupérisation ou de dégradation environnementale ? On aimerait savoir dans quelles conditions politiques, économiques, sociales ou territoriales la spirale vertueuse « Croissance du commerce / Production de richesses / Progrès social / Préservation environnementale », le *win-win-win-win* de la Banque mondiale, s'engage véritablement. Faute d'évaluation, on ne le saura pas. Tout au plus pouvons-nous regarder alentour et constater que la planète est dans un triste état et que les déséquilibres sociaux, nationaux et internationaux, vont grandissants. Mais la raison de ces piètres résultats est l'objet d'une nouvelle polémique : pour certains, ces résultats s'expliquent par une libéralisation trop timide et/ou trop lente ; pour d'autres, au contraire, par une libéralisation trop poussée et/ou trop rapide.

En fait, dans les négociations commerciales, il n'est guère question de développement, ni de progrès social ou environnemental. Ce sont les ministres du Commerce ou ceux de l'économie qui négocient les règles du commerce. La raison avancée est qu'il s'agirait d'un sujet apolitique et non diplomatique que seuls les acteurs économiques et leurs porte-parole gouvernementaux peuvent appréhender. Les conférences ministérielles de l'OMC réunissent des partenaires qui, tous, officiellement respectent le logiciel de la libéralisation comme le seul positif sinon le seul possible. Il n'y avait aucun diplomate dans la délégation française à Cancún où se réunissait la conférence ministérielle de l'OMC (septembre 2003) et aucun représentant du ministère du Commerce ou de celui de l'Économie et des Finances dans la délégation française à São Paulo où se réunissait en juin 2004 la conférence ministérielle de la CNUCED, (l'Organisation des Nations unies pour le commerce et le développement) : un même sujet, mais, d'un côté, une institution de la famille Bretton Woods, et, de l'autre, une simple agence des Nations unies. Cette séparation des logiques a, il est vrai, des côtés confortables. Elle permet de négocier les modalités de l'échange international entre gens sérieux et de laisser libre cours aux dissertations sur la solidarité commerciale sous l'arbre à palabres onusien.

Les négociations sociales

Les négociations sociales sont rythmées par les conférences internationales proposées par l'ONU et organisées par ses agences ou ses programmes spécialisés. Ainsi, entre 1992 et 1996, se sont succédé le Sommet de la Terre et le Sommet pour les enfants (1992), la conférence mondiale sur les droits de l'homme

(1993), La conférence mondiale sur la population et le développement (1994), le Sommet pour le développement social (1995), la conférence sur les femmes (1995), la deuxième conférence sur les établissements humains (1996), le Sommet mondial de l'Alimentation (1996). Avec le temps, la liste s'allonge, d'autant que, cinq ou dix ans après chacune des principales réunions, des conférences anniversaires cherchent à en établir le bilan et constater, en général, que les perspectives, tracées et approuvées par la communauté des gouvernements, sont restées lettres mortes. Les conférences de la décennie 1990 ont toutefois trouvé leur aboutissement dans le Sommet du millénaire (septembre 2000) et dans les huit objectifs du millénaire pour le développement (OMD).

Ces objectifs, de caractère social, s'expriment de manière simple : réduction du nombre des personnes souffrant d'extrême pauvreté et de faim, évaluées respectivement à 1,3 milliard et à 840 millions de personnes (objectif : réduire de 50 % ces chiffres d'ici 2015) ; scolarisation généralisée des enfants ; parité entre garçons et filles dans les écoles (qui devait être atteinte en 2005 !) ; réalisation de l'égalité des sexes et autonomisation des femmes ; réduction de la mortalité infantile (les 2/3 d'ici 2015) ; amélioration de la santé maternelle (les 3/4 d'ici 2015) ; arrêt de la propagation du Sida et recul des autres maladies majeures ; généralisation d'un environnement durable (avec par exemple, d'ici 2015, accès à l'eau potable de 50 % de ceux qui en sont privés et réduction de 100 millions du nombre de personnes vivant dans des taudis)... Ces objectifs sont tout simplement le rappel de certains des droits sociaux considérés comme universels. Ils sont inscrits dans le pacte international lié à la Déclaration universelle des droits de l'homme et consacré aux droits économiques, sociaux et culturels.

Les agences concernées ont évalué les budgets jugés nécessaires pour atteindre ces objectifs : 30 milliards de dollars par an pour réduire la faim, 200 milliards de dollars par an pour l'accès à l'eau... L'ONU, qui, faute d'avoir le sens de l'arithmétique, a celui des réalités, a conclu à la nécessité de doubler l'aide publique au développement (APD) et, donc, de solder les OMD pour 50 milliards de dollars annuels, avec, il est vrai, un appel complémentaire aux efforts privés. Depuis cinq ans, aucun des chiffres correspondant aux indicateurs sociaux et aux aides publiques promises n'a significativement bougé. Les politiques sociales internationales ou de solidarité internationale sont en panne alors que l'économie mondiale continue à exclure des centaines de millions de personnes, sans que celles-ci aient la possibilité de se réinsérer dans des économies locales de plus en plus déstructurées. Cette économie mondiale continue aussi à exploiter sauvagement les ressources naturelles sans le moindre souci de leur renouvellement.

Malheureusement, des obstacles importants séparent l'énoncé d'un objectif et la constatation qu'il a été atteint. Mais le premier des verrous est financier, car mettre en place et maintenir des services essentiels et des politiques sociales nécessite un budget. De plus, les différents mécanismes de transferts financiers du Nord vers le Sud du monde piétinent : le compteur de l'aide publique au développement reste bloqué autour de 0,25 % du PNB des pays de l'OCDE, le traitement des dettes des pays du Sud ne progresse guère, la mise en œuvre d'une fiscalité internationale et la mise sur pied de mécanismes de marché ne sont toujours que des idées lointaines, les prix des produits tropicaux continuent de décliner... Faute de transferts financiers Nord-Sud conséquents, les OMD ne seront pas atteints ; bien au contraire les indicateurs continueront à se dégrader.

Les négociations environnementales

Les bases de la négociation environnementale, qui aurait dû être la grande affaire de la décennie 1990, ont été mises en place lors de la conférence des Nations unies sur l'environnement et le développement de Rio (Sommet de la Terre, juin 1992). Les gouvernements et les neuf familles d'acteurs déclarés majeurs (les femmes, les jeunes, les peuples indigènes, les organisations paysannes, les syndicats, les entreprises, les ONG, les scientifiques et les collectivités territoriales) étaient appelés à coopérer et à mettre en œuvre un plan ambitieux pour le XXIe siècle, l'Agenda 21. De leurs côtés, les parlements nationaux devaient ratifier les deux grandes conventions internationales, la Convention sur les changements climatiques et celle sur la diversité biologique et les gouvernements trouver les voies et moyens de les mettre en œuvre. Chaque année, la Commission pour le développement durable (la CDD), réunie par les Nations unies, fait le point de l'avancement des différents chantiers proposés par l'Agenda 21, alors que des conférences sont organisées par les instances en charge de l'application des deux conventions internationales. La conférence de Kyôto pour le changement climatique (10 décembre 1997) et la conférence de Leipzig (17-23 juin 1996) pour la biodiversité ont jeté les bases d'une mise en œuvre de ces deux conventions. Des négociations spécifiques, comme celles portant sur les échanges d'organismes vivants modifiés et le principe de précaution, aboutissant à l'accord de Carthagène, ou celles portant sur l'exploitation des ressources phytogénétiques, conclues à Rome, ont permis quelques avancées théoriques. Mais, force est de constater que, après plus de dix ans de tractations, les accords majeurs n'ont pas tous été ratifiés par un nombre suffisant de pays, et notamment pas par certains des pays responsables des atteintes les plus graves contre l'environnement mondial. D'autre part, et quels que soient les doutes que l'on peut avoir sur la capacité des mécanismes de marché à contribuer à une régulation des actes économiques, notamment ceux qui participent à la dégradation de l'environnement, nous n'entendons encore que peu d'idées réalistes et concrètes sur la manière de mettre les principes en application. Comment partager les droits de propriété intellectuelle avec les paysans et rémunérer équitablement leur travail de sélection des espèces et des variétés engagé depuis la nuit des temps ? Comment appliquer le principe de précaution sans en faire une arme de protection contre les importations et de dérogation arbitraire aux règles qui régissent le commerce mondial ? Comment organiser le marché des droits à émettre des gaz à effet de serre ou des droits à polluer ?

Les diplomates ont encore de grands chantiers à ouvrir et des équilibres subtils à établir pour que le respect de l'environnement trouve sa place dans les processus économiques. De fait, eu égard à la hiérarchie non dite des différentes familles de droits et à l'absence de justiciabilité des droits environnementaux, le

raisonnement écologique, dès lors qu'il entre en contradiction avec la logique commerciale – ce qui est prati-
quement toujours le cas – doit s'effacer. Pourtant, une
conscience environnementale continue de se manifester
dès qu'une catastrophe naturelle ou accidentelle
(marées noires, tempêtes, inondations, canicules...)
vient frapper nos pays. Des événements sont organisés,
des discours prononcés pour assurer les citoyens que les
gouvernants ont conscience des terribles dangers que
court la planète, mais la préoccupation de l'environnement, et notamment de l'environnement global, n'a
toujours pas pris la place centrale qu'elle devrait
avoir dans notre vision du monde et n'a pas
provoqué une évolution conséquente des modes de
consommation et des modes de production.

L'extrême éclatement des négociations, la dispersion
des institutions, qui ont en charge le suivi des cinq cents
accords internationaux, et l'émiettement des responsabilités gouvernementales vont de pair. Les diplomates
qui suivent, comme ils le peuvent, les négociations et
la prise en compte des recommandations et des
prescriptions internationales, sont appuyés par des
fonctionnaires des ministères de l'Environnement,
administrations dont la géométrie varie avec les rema-
niements gouvernementaux et dont la tradition admi-
nistrative n'est pas très affirmée. Ils sont aussi souvent
appuyés par des scientifiques, dans la mesure où ces
négociations sont, en général, techniquement très
ardues et reposent sur des diagnostics souvent polémi-
ques. Enfin, ils sont en interaction avec des associations
qui ont porté et portent les sujets traités et en assurent
la défense. Qu'il s'agisse de celle d'une espèce ou d'un
milieu naturel menacés ou de l'éveil de la conscience

planétaire quant aux risques qui pèsent sur l'environnement global, ce sont bien les associations environnementales qui maintiennent la pression pour que ces questions ne passent pas, dans la grande comptabilité du progrès économique, en perte et profit.

Une fois le décor planté, il nous faut à présent apprécier la contribution des ONG sur les différentes scènes où se déroule la négociation internationale. Malgré leur diversité, les ONG poursuivent des perspectives similaires : promouvoir une gouvernance mondiale démocratique, un développement durable et une solidarité internationale. Mais, au-delà de ces énoncés génériques, les ONG mettent en avant des objectifs plus concrets dans le débat public et dans l'interaction avec les diplomates, qui seuls ont le mandat de négocier et de signer des accords, conventions ou traités internationaux.

Chapitre IV
Les objectifs de l'action non gouvernementale

Réunis à New York, en septembre 2000, les chefs d'État ont souhaité manifester leur volonté de résoudre quelques-unes des questions sociales qui traduisent la grande pauvreté d'une partie de l'humanité. Ils se sont engagés à réduire dans des proportions variables d'ici 2015 les problèmes liés à la pauvreté, à la faim, à l'accès à l'eau potable, à l'accès à l'école, avec un effort particulier pour les petites et les jeunes filles, et à l'accès aux soins, notamment pour les victimes du virus du Sida. Ils ont ainsi retenu sept « objectifs du millénaire pour le développement » (OMD) et, pour les atteindre, ils ont ajouté un huitième OMD, qui propose le renforcement de la coopération et de la solidarité financière internationale. Cet engagement constitue une avancée. Tout d'abord, il se présente avec une date et des chiffres, ce qui est peu courant dans les conclusions de ce genre de Sommet. Il sera donc possible de demander des comptes et, pour les chefs d'État, d'en rendre ou, au moins, de faire le bilan de l'action de leurs prédécesseurs. Ensuite, il s'efforce de lever un doute sur l'existence d'une *communauté internationale*, c'est-à-dire sur la reconnaissance par tous les gouvernements d'objectifs communs. Les OMD sont la traduction concrète d'une partie des *droits universels*, en l'occurrence des droits sociaux. Cela ne dit pas qu'il y a communauté de vue sur des valeurs communes ni sur ce que pourrait être l'intérêt général. Mais, c'est quand même un pas dans la bonne direction ou, en tous cas, dans la même direction. Cet engagement est par contre marqué par de grandes faiblesses. Tout d'abord, on voit mal pourquoi les chefs d'État ne prennent en compte que la moitié des problèmes. Ensuite, et c'est plus fondamental, ils semblent ignorer que l'on ne pourra résoudre les problèmes sociaux en occultant leurs causes et en se préoccupant seulement de leurs manifestations. La pauvreté n'est pas d'abord une question sociale, elle trouve son origine dans des processus de paupérisation, qui sont des sous-produits de la croissance économique lorsque celle-ci n'a plus à respecter de contraintes sociales. Comme nous l'avons vu, nous risquons d'ici 2015 de voir entrer dans l'extrême pauvreté entre deux et trois milliards de personnes. Mais les chefs d'État, qui n'ont pas souhaité s'interroger sur les impacts sociaux des politiques macro-économiques consensuelles, ne se soucient pas de tarir ces flux. Tout au plus promettent-ils de sortir de la pauvreté 600 millions de personnes en restant sur le terrain social. Enfin, le huitième OMD, celui qui affirme la volonté des chefs d'État de l'OCDE de mobiliser 0,7 % des PNB de leurs pays pour financer les politiques sociales promises et qui dépend de la volonté politique des gouvernements des pays de l'OCDE, ne dit rien de nouveau puisque cette promesse est plus que trentenaire et qu'elle a été renouvelée tout au long des trois décennies du développement qui se sont succédé depuis 1970 sans être prise en considération.

Même si les ONG voient les problèmes différemment, nous devons être attentifs aux promesses faites et aux engagements pris par les chefs d'État. La vision des ONG repose sur le triptyque démocratie/développement durable/solidarité que nous pensons pertinent aux différentes échelles géographiques. Comme nous l'avons vu, les discours gouvernementaux sur ces trois notions restent théoriques ou promotionnels ; l'habillage de la réalité par l'utilisation de ces concepts ne cache guère les cercles vicieux et les processus destructeurs dans lesquels la planète et l'humanité sont entraînées. Il faut à la fois dénoncer les langues de bois, les abus de langage et les statistiques mensongères et redonner du sens à ces trois belles idées de démocratie, de développement durable et de solidarité pour lesquelles les mouvements citoyens se sont battus et continuent à se battre. Avant de suivre les agendas de la négociation internationale, tels qu'ils se présentent aux acteurs non gouvernementaux, nous proposerons dans ce chapitre quelques orientations, à nos yeux majeures, qui pourraient remettre la construction du monde sur de bons rails et revitaliser ces trois notions précieuses.

Mettre en place les mécanismes d'une gouvernance démocratique

Avant d'examiner la question : « comment contribuer à l'affirmation de chacun des trois pouvoirs qui fondent la démocratie ? », concentrons-nous sur la question centrale des asymétries de pouvoirs et des défaillances de démocratie.

Premier objectif :
Combler les défaillances de démocratie

La République issue de la Révolution française a été construite comme une « République de citoyens » où les organisations intermédiaires étaient bannies. La loi Le Chapelier (1791) interdisait toutes formes de regroupements citoyens. Il s'agissait de lutter contre les corporations professionnelles, les communautarismes ou les régionalismes, aussi bien que contre les congrégations ou organisations religieuses. Derrière cette République, il y avait, dans toute sa pureté, l'idée d'une démocratie représentative avec négation de toute médiation ou interférence entre le citoyen et un pouvoir républicain issu du suffrage universel. En fait, cette vision intégriste de la République a désarmé les citoyens les plus modestes plus qu'elle ne les a protégés des forces, notamment économiques, qui ont pu régner sans contre-pouvoirs organisés tout au long du XIXe siècle. La légalisation des organisations syndicales et professionnelles (loi de 1867 sur les coopératives, loi de 1884 sur la liberté syndicale, charte de la Mutualité en 1898) et des associations de citoyens (loi de 1901) a donné une forme juridique aux organisations sociales qui n'existaient que dans la précarité et la clandestinité. Elle leur a permis d'intervenir formellement dans le jeu démocratique. C'est donc au début du XXᵉ siècle que se sont mis en place, en France, les fondements d'une démocratie participative et d'une nouvelle république dans laquelle les citoyens étaient appelés non seulement à désigner leurs représentants, mais aussi à intervenir dans les processus politiques de construction et de gestion de la cité. Ils ont ainsi été appelés à participer à sa gouvernance.

Les ouvriers, les paysans, les femmes et les jeunes, catégories traditionnellement écartées de la sphère du pouvoir, mais aussi tous les citoyens militant pour des causes humanitaires, sociales ou environnementales n'ont pas été les seuls à utiliser le statut juridique de l'association pour interagir avec les autorités gouvernementales. Les acteurs dominants, souvent liés au personnel politique, s'en sont encore plus abondamment servis et les asymétries de pouvoirs ont continué à créer des défaillances démocratiques. Celles-ci sont encore plus manifestes dans des pays qui donnent à la citoyenneté une définition restrictive et qui légalisent les inégalités ethniques, raciales ou sociales (esclavage, système de castes, ségrégation, *apartheid*, sexisme ou machisme...). Cette situation asymétrique et défaillante au niveau national est encore plus criante lorsque l'on aborde la question de la très embryonnaire démocratie internationale.

Une des premières tâches des organisations de solidarité, que celle-ci s'exerce au niveau national ou international, est d'aider les acteurs faibles et mal représentés à être partie prenante d'une démocratie participative. L'usage du droit d'association par les citoyens les plus marginalisés et le renforcement institutionnel de ces organisations sont des priorités pour les ONG. Néanmoins, celles-ci doivent se méfier comme d'une peste de la tentation de se substituer aux exclus du pouvoir et de prendre la parole à leur place ou, pire encore, en leur nom. Nous avons mis en évidence que trois milliards de femmes, de jeunes, de pauvres et de paysans n'apparaissaient guère dans les décisions gouvernementales et intergouvernementales. Les ONG doivent avoir pour premiers partenaires ces catégories exclues à des degrés divers et pour première ambition commune de contribuer avec leurs organisations à la construction d'une véritable démocratie participative.

Pour Brian K. Murphy, « nous entrons dans un nouvel âge de la transparence et la responsabilité civiles et politiques ». Dans son article « International NGOs and the challenge of modernity », paru dans la revue *Development in Practice* (août 2000), il fait une analyse des évolutions contemporaines et souligne l'importance de l'action citoyenne pour contrer certaines de ces évolutions qui créent un *apartheid* mondial et détruisent la démocratie. Il en appelle au *voluntary sector* qui « doit être un jardin d'innovation et de changement social, un lieu de résistance organisée aux excès du marché et aux discrimination de classe, de race ou de genre ».

Deuxième objectif :
Donner vie et force aux trois pouvoirs fondateurs
de la démocratie.

Le recul ou l'avancée de l'état de droit, de la régulation ou de la dérégulation des relations internationales sont en jeu dans presque toutes les négociations. Nous devons constater que, durant la dernière décennie, la dérégulation l'a emporté sur les progrès de la régulation. Les ONG, qui coopèrent avec des partenaires dont les droits les plus élémentaires sont bafoués, sont attentives à l'avancée et au respect du droit. Elles suivent les négociations avec ce regard et s'efforcent de convaincre que, si la force est l'arme des puissants, le droit est le bouclier des faibles. Encore, faut-il bien sûr que paradoxalement le droit ne légitime ni les inégalités et autres ségrégations ni l'usage de la force pour protéger ces inégalités.

La Déclaration universelle des droits de l'homme, adoptée par l'Assemblée générale des Nations unies le 10 décembre 1948, constitue la pierre angulaire de toute l'architecture juridique internationale et la référence pour de nouvelles constructions plus élaborées. Les articles 22 et 25 fondent les droits économiques, sociaux et culturels ; l'article 23 précise la nature du droit du travail ; l'article 20 introduit le droit d'association. La Déclaration universelle est le socle de l'architecture juridique, le seul ciment d'une possible future communauté internationale. Le débat sur le caractère universel des droits ne peut être ignoré et il est vrai que le droit est appelé à évoluer avec la société. Mais, pour donner quelques exemples de débats qui pointent, la reconnaissance de la discrimination juridique entre femmes et hommes ou entre catégories de citoyens ou celle de la prééminence de droits coutumiers, religieux ou nationaux sur les droits universels ou, encore, la légalisation de la torture ou de justices d'exception entraîneraient la négation de l'idée même de nations unies.

Les associations ne doivent rien lâcher, mais leur nature les amène à se battre plus particulièrement pour la défense et le respect de certains droits : le droit d'association, qui est l'un des piliers de la démocratie et grâce auquel elles existent elles-mêmes ; les droits économiques, sociaux et culturels qui sont synonymes des idées d'équité et de solidarité et qui sont peu et mal défendus. Les droits qui fondent la laïcité, qui reste au niveau international un sujet polémique, sont également essentiels dans la mesure où celle-ci permet de sortir d'un système où le pouvoir religieux définit et dicte les normes juridiques. Et, du fait de notre histoire, cette séparation nous semble l'une des clés de la construction d'une convivialité dans des sociétés multiculturelles et multireligieuses, ce que la société mondiale est par nature. Mais, la laïcité ne doit pas être comprise comme un retour à la loi Le Chapelier : elle ne doit pas méconnaître les identités culturelles ou religieuses ni les solidarités affinitaires, qui sont essentielles pour les citoyens issus de communautés minoritaires ou défavorisées.

Aucun acteur diplomatique n'a vocation et mandat à défendre l'intérêt général mondial ou global. Certaines associations, ou coalitions d'associations, de stature internationale considèrent volontiers que tel est leur rôle. Il faut, bien sûr, se méfier, et nous y reviendrons, de ces notions d'intérêt général global/mondial ou de société civile globale/mondiale et de la prétention de certains à parler en leurs noms. Une association se définit d'abord comme un outil juridique permettant aux personnes concernées d'agir pour un objectif précisé dans ses statuts. Cet objectif est souvent lié à la défense d'intérêts spécifiques. Les associations de solidarité internationale souhaitent, elles, participer à la construction d'un monde de solidarité, qu'elles s'efforcent d'esquisser, exprimant ce faisant des valeurs, des analyses et des choix militants. Ce n'est que soumise au processus démocratique dans les différentes parties du monde et tous les segments de la société, que l'esquisse d'un monde espéré pourra traduire une vision partagée de l'intérêt général. Comme nous le verrons, cette lente construction d'analyse et de positions communes va de pair avec la fédération des associations en acteurs collectifs internationaux. Nous reviendrons abondamment sur la construction de tels acteurs, une construction clé car ce n'est qu'à ce prix que les ONG, organisées aux différentes échelles géographiques, pourront commencer à pouvoir prétendre parler au nom de l'intérêt général.

Ces réflexions sur le droit international conduisent à des conclusions quant à la manière dont les associations peuvent interagir avec les pouvoirs législatifs internationaux. Ces pouvoirs étant intergouvernementaux, l'interaction doit s'organiser d'abord à l'échelle nationale, au niveau de chaque gouvernement, pour rendre légitime l'organisation et l'action de mouvements associatifs nationaux regroupés en fédérations. Cette interaction doit se prolonger au niveau régional et international. Nous verrons comment dans le prochain chapitre. Sachant qu'il appartient aux seuls gouvernements de négocier des accords, de signer des traités et de s'accorder sur de nouveaux droits, les associations doivent participer à leur place à ce que l'on pourrait appeler une « diplomatie participative » sur laquelle nous reviendrons également.

Bien que le pouvoir judiciaire soit lui aussi un pouvoir régalien, les associations peuvent néanmoins contribuer au travail des juridictions, que nous avons

décrites comme squelettiques, notamment en participant, dans les différentes régions du monde, à l'observation du respect des droits internationaux. Dans le
domaine des droits civiques, *Amnesty international*,
la Fédération internationale des droits de l'homme,
Human rights watch et quelques autres associations
ont organisé ce travail de veille à l'échelle mondiale.
Leurs campagnes et leurs rapports livrent aux juridictions des faits, qui ne demandent qu'à être vérifiés et
jugés. Chaque famille d'ONG intervient dans son
domaine. On en distingue traditionnellement quatre :
défense des droits humains, action humanitaire d'urgence, appui au développement et lutte pour la préservation de l'environnement. Les résultats de ce travail de
veille seront transmis aux juridictions compétentes,
voire, lorsque celles-ci n'existent pas ou sont défail-
lantes, à des journalistes et à l'opinion publique. Des
informations sur des comportements délictueux de gouvernements ou d'acteurs dominants, souvent économiques, peuvent entacher la réputation de ces délinquants
haut de gamme. Faire appel au tribunal de l'opinion
public est certes délicat, et même parfois dangereux,
mais c'est souvent le seul recours possible pour des
ONG et pour leurs partenaires victimes de tels comportements. La sanction de ce tribunal peut avoir des conséquences terribles en terme d'image. Et l'on sait quelles
attentions et quels budgets les institutions réservent à la
fabrication et à la défense d'une image flatteuse.

Quant au pouvoir exécutif, les ONG en prennent en
charge, par délégation ou substitution, une part non
négligeable. Dans les pays développés, les associations
sont parfois majoritaires dans de larges secteurs de
l'action sociale, sanitaire, culturelle et sportive. Dans

les pays en voie de développement, elles interviennent dans les situations d'urgence humanitaire où elles assument l'essentiel des actions internationales. Dans les situations de sous-développement, elles interviennent dès lors que des acteurs non gouvernementaux des régions concernées résistent aux processus de sous-développement et prennent des initiatives de développement. Disons que, par défaut, les associations sont à l'œuvre dans tous les domaines exceptés dans l'investissement lourd, les infrastructures et dans les secteurs publics régaliens (armée, police, justice et diplomatie).

Réunir les conditions de durabilité du développement économique

La mondialisation de la finance et de l'économie a pris une avance considérable sur celle des autres domaines. Cette avance déséquilibre la nécessaire interaction entre les forces économiques, sociales et territoriales. Faute de l'affirmation d'un état de droit international et de l'existence de contre-pouvoirs territoriaux et sociaux suffisamment puissants et organisés à l'échelle mondiale, la libéralisation, synonyme d'une mise en concurrence de tous les acteurs économiques pour la conquête des ressources et des marchés de la planète, provoque l'exclusion massive et sans retour des compétiteurs les plus faibles, une exclusion qui se chiffre, comme nous l'avons vu, en milliards de personnes.

Première orientation :
Obliger le développement économique à respecter les droits sociaux.

Pour la question sociale, et nous nous limiterons ici aux dramatiques problèmes de la paupérisation et de l'exclusion économique qui sont à la source des principales difficultés sociales, nous proposons que la vitesse de la libéralisation économique, et donc l'avancée des négociations commerciales, soit liée aux risques d'exclusions supplémentaires et à la capacité de réinsertion des exclus dans l'économie mondialisée. Il est politiquement irresponsable de promouvoir des stratégies ou des politiques économiques susceptibles d'entraîner l'exclusion de plusieurs milliards d'êtres humains sans savoir comment ceux-ci pourront se réinsérer! Il faut faire admettre, évaluations à l'appui, qu'il peut y avoir contradiction entre commerce et développement et que le 6e commandement du consensus de Washington, qui proclame la corrélation systématique entre commerce et développement, n'est pas une loi universelle et intemporelle comme on voudrait nous le faire admettre. La CNUCED dans son rapport de 2004 déclare clairement que les pays les moins avancés n'ont pas bénéficié de la libéralisation qu'on leur a imposée. Les pays africains, qui sont les meilleurs élèves des maîtres néolibéraux de Washington, ont reculé sur le plan de leur développement économique, y compris dans le domaine commercial, où ils ont perdu les deux tiers de leur part de marché mondial (2 % aujourd'hui contre 6 %, il y a 20 ans!). Nous pensons que lorsqu'il y a contradiction entre commerce et développement, il faut donner la priorité au développement et adapter le commerce aux exigences du développement et non l'inverse. Il faut protéger les espaces économiques et les marchés nationaux ou régionaux lorsque les acteurs économiques ne sont pas en position de combattre sur le marché mondial, mais il ne faut pas se désintéresser pour autant du commerce international. Des négociations doivent permettre de restaurer une équité dans les échanges et le respect des règles, tout en prévoyant un traitement spécial et différencié pour les économies faibles. La bataille pour la défense du coton africain doit aller au-delà de l'application des règles internationales et de la suppression des subventions aux 25 000 producteurs américains, elle doit demander qu'une part du commerce mondial soit réservée aux producteurs africains à des conditions acceptables pour eux. Sinon, le commerce mondial sera synonyme de condamnation à mort pour les économies et les paysans africains. Nous proposons que des mesures soient prises pour donner aux économies locales davantage d'espace, c'est-à-dire pour garantir aux acteurs économiques locaux un accès aux ressources et aux marchés, à commencer par les ressources et les marchés locaux, voire nationaux et régionaux. Pour ces économies locales, voire nationales, la production paysanne, l'artisanat et la production de services représentent toujours d'énormes capacités d'emplois. Il faut donc veiller à assurer aux acteurs économiques locaux un accès privilégié à leurs marchés domestiques.

Les ONG demandent que des mesures soient prises pour enrayer les mécanismes d'exclusion et éviter de voir grossir considérablement le nombre de personnes vivant dans l'extrême pauvreté, mais cela ne règle pas la question du milliard deux cents millions d'exclus qui subissent déjà ces conditions de vie et qui sont l'objet, faute d'en être le sujet, du premier OMD. Pour ce bon milliard de personnes, il faut prendre au mot les chefs d'État et penser à la fois en terme de réinsertion économique et de politiques sociales.

Les ONG proposent, par ailleurs, de lier, dans un espace géographique donné, la libéralisation commerciale à l'existence, dans cet espace, d'instances politiques démocratiques et de mécanismes de solidarité. Nous savons que laisser se développer un échange libre dans un espace économique dépourvu de mécanismes de solidarité entraîne à coup sûr une polarisation des activités économiques et une marginalisation des territoires et des personnes mal armés pour affronter une compétition économique sauvage. C'est ainsi que les espaces nationaux, quand ils ne sont pas trop appauvris et structurellement ajustés, sont bien des espaces politiques et des espaces de solidarité, certains espaces régionaux se sont aussi constitués comme tels. Par contre l'espace mondial, qui est un espace déjà économiquement intégré, est presque dépourvu de gouvernance politique et de mécanismes de solidarité. Dans ces deux derniers domaines, la mondialisation n'est qu'embryonnaire. Il y a là une nouvelle bonne raison de ne pas encourager la libéralisation des échanges internationaux et de favoriser des échanges nationaux ou régionaux, même si, pour certains biens, il convient de promouvoir des échanges interrégionaux, voire internationaux.

Deuxième orientation :
Obliger le développement économique à respecter les droits environnementaux.
Dans le domaine environnemental, nous mettrons l'accent sur ce qui reste le cœur du problème, à savoir l'évolution des modes de production et de consommation, avec comme premier objectif une économie considérable d'énergie et de ressources naturelles.

Nous proposons d'orienter l'« appareil de régulation » en fonction d'évolutions, qui, vu l'état de la planète et les limites qui sont devant nous, sont indispensables. Un appareil de régulation comprend à la fois des mécanismes d'incitation et de dissuasion, disons des carottes et des bâtons. Le droit énonce les comportements et les actes qui sont interdits ; la fiscalité et les politiques publiques doivent guider les personnes physiques et morales vers des comportements positifs au regard de l'intérêt général. Une écofiscalité peut ainsi, grâce à une batterie de mesures *ad hoc*, décourager les comportements négatifs au regard de la préservation de l'environnement ou encourager les comportements positifs, par exemple favoriser les économies d'énergie et freiner les émissions de carbone.

Des mécanismes de marché peuvent, dans certains domaines, donner une valeur économique positive ou négative aux bons ou aux mauvais comportements. C'est le cas par exemple des droits à polluer, pudiquement appelés droits à émettre des gaz à effet de serre, qui sont accordés aux acteurs économiques et dont la commercialisation doit s'organiser sur un marché ou grâce à une bourse. L'ensemble des droits ou des quotas doit permettre de maintenir la pollution dans des limites considérées comme acceptables. Le même raisonnement économique vaut lorsqu'il s'agit de limiter la surproduction d'un bien. Dans ce cas, une instance de régulation distribue des droits à produire, des quotas. La maîtrise des émissions de carbone ou de la production laitière peut passer par l'utilisation des mêmes mécanismes de marché.

Ces différentes mesures, qui doivent être modulées en fonction des domaines concernés et des possibilités d'évolution des modes de production et de consommation correspondants, modifient la boussole des acteurs économiques et facilitent des changements de comportement. Il faut bien sûr veiller à ce que les différentes mesures ne provoquent ni effets pervers ou distorsifs, ni rentes de situation. Mais, quelle que soit la puissance de l'appareil de régulation, les évolutions de comportement resteront très en deçà des seuils garantissant un équilibre écologique. Par exemple, au stade actuel de la connaissance, les énergies renouvelables sont très loin de répondre aux besoins énergétiques prévisibles.

Nous devons donc changer de direction et, à la fois, soutenir la recherche de solutions inédites et promouvoir des expérimentations sociales. C'est ce cocktail que les villes de la baie de San Francisco se sont engagées à développer. D'un côté, la *Silicon Valley* et l'Université de Stanford, de l'autre, des mouvements écologistes radicaux ont retenu un objectif de réduction des émissions de carbone de plus de 60 % dans les vingt ans. Aux États-Unis, un réseau d'écocités majeures, parmi lesquelles San Francisco et Los Angeles, ont symboliquement signé le protocole de Kyôto et pris, sur ce point comme sur beaucoup d'autres, le contrepied de l'administration Bush. Côté recherche, l'accent est mis sur la filière photovoltaïque (l'énergie solaire) et sur la filière hydrogène. D'après les experts, le courant marin passant sous le *Golden Gate* pourrait apporter une énergie suffisante pour satisfaire la moitié des besoins de la Californie, qui serait, si on l'isolait des autres États de la fédération, la cinquième économie mondiale. Côté mouvements sociaux, la transformation des modes de consommation et de vie pourrait entraîner des économies d'énergie considérables, notamment en redéveloppant l'économie locale, en renforçant encore l'usage d'Internet et en réorganisant les transports. La perspective du zéro émission de carbone est même avancée par la Commission Environnement de la ville de San Francisco. Il y a derrière de telles approches des propositions futuristes et radicales, qui supposent que les innovations technologiques et sociales soient portées et diffusées par des forces, souvent des associations, avant-gardistes. Cette alliance de la recherche et des mouvements citoyens est, dans ce domaine et dans cette région, comme dans la plupart des domaines et des pays, une des clés de la transformation du monde.

Mettre l'accent sur la recherche et l'expérimentation sociale signifie que nous n'avons pas, pour l'heure, de solutions à proposer à grande échelle. N'empêche que la définition de l'appareil de régulation et du cadre légal est essentielle et que les dispositions doivent être prises à tous les niveaux, y compris au niveau international. Les 500 conventions de caractère environnemental, aujourd'hui dispersées, doivent pouvoir contribuer à quelques grands objectifs majeurs que doit se donner la communauté internationale : économies d'énergie et de ressources non renouvelables, réduction des émissions de gaz à effet de serre, préservation de la biodiversité et des milieux naturels.

La question environnementale nous amène également à la question démographique, qui, pour être une question délicate dont le maniement est politiquement et éthiquement sensible, ne doit pas pour autant être occultée. La densité démographique ne simplifie pas la recherche de systèmes écologiquement équilibrés. Dans beaucoup de régions du monde, une densité excessive, eu égard aux ressources disponibles, provoque des drames sociaux et écologiques et des exaspérations qui aboutissent à des conflits. Les cas du Rwanda et du Darfour sont de ce point de vue exemplaire, tout comme la crise haïtienne.

Au Rwanda, la densité démographique a atteint des niveaux considérables comparativement aux autres pays africains. Dans ce pays essentiellement rural, la pression sur la terre a incité les agriculteurs à intensifier leurs exploitations. Qui a visité le Rwanda avant le drame de 1994 a été saisi par la densité du tissu humain et agricole dans ce pays d'habitat dispersé. Cette pression sur la terre a aussi généré des conflits dramatiques entre les ethnies de paysans et les ethnies de pasteurs et des violences inouïes se traduisant par des centaines de milliers de morts et d'exilés. Que ce conflit ait eu également une dimension géopolitique, ne change rien à la situation explosive de l'accès au foncier.

Dans un autre contexte, le conflit du Darfour trouve son origine, comme les nombreux conflits sahéliens, dans l'accès à un foncier de plus en plus appauvri par la désertification et par la pression démographique. Le conflit traditionnel entre paysans sédentaires et éleveurs nomades s'est exacerbé. Il a suffi que le pouvoir central soudanais, habitué à jouer sur les conflits provinciaux pour maintenir son pouvoir, distribue des armes aux milices nomades, les *Janjawid*, pour que le rapport de force se déséquilibre et aboutisse à l'écrasement et à l'évacuation des familles paysannes. Il y a aujourd'hui, au Darfour, près de deux millions de personnes déplacées soit le tiers de la population totale. Toute tentative de retour dans les villages se termine par des meurtres et des viols. Par ailleurs, le pouvoir central a décrété que les terres abandonnées pendant une saison de culture deviendrait propriété de l'État. Les terribles conditions de cet exode intérieur ou de cette fuite vers le Tchad, la précarité de la vie dans les camps, dont la protection reste mal assurée, sont une injure à l'humanité. L'absence de perspectives pour ces peuples paysans dépossédés de leurs terres plonge ces communautés dans une nuit noire et sans lendemain. Certes, des réserves de pétrole qui aiguisent les appétits nationaux et internationaux ont été trouvées au Darfour ; certes, le Soudan est partie prenante d'un jeu géopolitique international et continue à être suspecté de nourrir le terrorisme ; certes, ce pays apparaît comme une sorte d'empire colonial artisanal et risque d'exploser en plusieurs morceaux comme tous les empires coloniaux ; n'empêche que, pour des peuples qui sont à la limite de la survie, voire déjà bien au-delà, la lutte pour la terre et pour l'eau sont des questions encore plus fondamentales.

En Haïti, la densité démographique et l'appauvrissement des sols ont aussi atteint des seuils limites. Les paysans ont depuis toujours été les dindons d'une farce organisée à Port-au-Prince par des pouvoirs vénaux. La paysannerie haïtienne est depuis des décennies aussi épuisée que ses sols. Elle a néanmoins pu s'adapter tant bien que mal aux ponctions extérieures et à la pression démographique et créer un paysage et une agriculture admirables, comme d'ailleurs au Rwanda. Mais trop de ponctions, trop de pressions tendent le tissu social à l'extrême, lequel finit par se déchirer, libérant des violences et, surtout, laissant jaillir des hémorragies que l'émigration, sévèrement contrôlée, et la pauvreté des cités ne permettent plus d'absorber. Là encore, nous sommes au bout d'un processus de paupérisation qui bascule dans la violence et dans la délinquance.

Nous parlions de paysanneries aux abois, pour reprendre le titre d'un livre de René Dumont : en voilà trois exemples parmi d'autres tant les paysanneries sont aujourd'hui à bout de souffle ! Les crises du Rwanda, du Darfour et d'Haïti ont des points communs et, en premier lieu, une charge démographique trop lourde pour les ressources disponibles. La croissance démographique explique souvent ces crises agraires, elle complique aussi la recherche de solutions. La nécessité de retrouver des équilibres prélèvements/apports doit nous amener à remettre au cœur du débat la question des modes de production, mais aussi celle de la croissance démographique. René Dumont avait, face à ces deux questions, des réflexes et des analyses d'écologiste. Face à des mondes finis et agraires, il dénonçait le silence qui s'est progressivement installé autour de la question démographique.

Troisième orientation :
Expérimenter des alternatives économiques.
La mondialisation est devenue un sujet de débat populaire. Les oppositions diffuses, qui accompagnaient l'accélération de ce mouvement ancien de mondialisation de l'économie, accélération célébrée par ce que le monde comportait de grands acteurs économiques, d'économistes distingués et de hauts fonctionnaires nationaux et internationaux, se sont rapprochées et ont formé un mouvement d'abord anti-mondialiste,

puis altermondialiste. Le mouvement ATTAC (Association pour la taxation des transactions pour l'aide aux citoyens), créé en décembre 1998, a joué un grand rôle dans la fondation de ce mouvement. ATTAC existe aujourd'hui dans 50 pays et, en France, compte 30 000 adhérents dont 1 000 personnes morales. Elle s'appuie sur 215 groupes locaux. Ce passage sémantique de l'anti à l'altermondialisme place la recherche d'alternatives au cœur de la démarche des opposants à la forme néolibérale de la mondialisation. De fait, plusieurs courants se côtoient : l'un, réformiste, cherche à provoquer une réorientation de l'économie dominante en l'obligeant à accepter un cahier des charges sociales et environnementales ; l'autre, révolutionnaire, propose de rebâtir les fondements de l'économie en s'attaquant à sa logique capitaliste ; le troisième, alternatif, cherche à tester de nouvelles manières de faire de l'économie, du commerce ou de la finance. Réformistes, révolutionnaires et alternatifs ont en commun de s'attaquer au même ennemi, le néolibéralisme, mais leur cohabitation dans le mouvement altermondialiste n'est pas toujours très harmonieuse, dans la mesure où ils sont les héritiers de courants de pensée qui depuis un bon siècle se font une guerre idéologique sans merci. La recherche d'alternatives intéresse beaucoup d'ONG. Celles-ci s'y appliquent sous toutes les latitudes en appuyant et en participant à l'expérimentation de nouveaux modes de production et de consommation, de nouveaux circuits commerciaux ou financiers locaux ou internationaux. Nous nous limiterons dans ce paragraphe à une rapide présentation du commerce équitable et de la finance solidaire.

Les négociations commerciales qui se déroulent à l'OMC cherchent à fluidifier le commerce mondial en supprimant les barrières tarifaires et non-tarifaires qui s'opposent aux échanges internationaux. L'intégration des marchés et la mise en compétition de tous les acteurs économiques du monde ont des effets dévastateurs sur la très grande majorité de ces acteurs économiques, qui affrontent cette bataille commerciale désarmés ou équipés de mauvaises armes. À ce jeu de massacre, les paysans et les artisans des pays du Sud sont des victimes désignées avant même l'engagement de la bataille. Dès les années 1970 et 1980, des ONG comme Max Havelaar et Artisans du monde se sont efforcées de construire des circuits commerciaux alternatifs permettant de rémunérer décemment les producteurs, de maintenir leurs systèmes de production, mais aussi de construire des services économiques et sociaux locaux et d'améliorer les conditions de vie des communautés concernées. Par exemple, la construction de circuits commerciaux parallèles qui relient le producteur au consommateur par la maîtrise de tous les intermédiaires se traduit par la création d'un réseau en France d'une centaine de magasins Artisans du monde. La création d'un label et la définition de critères aussi objectifs que possibles sont la clé du commerce équitable version Max Havelaar. Ce label, apposé aux produits qui quittent l'exploitation agricole, garantit au consommateur lointain que le produit qu'il achète est de bonne qualité nutritionnelle, mais aussi qu'il porte une valeur sociale et environnementale qui justifie un prix supérieur. Cette identification de la valeur sociale et environnementale, qui n'est en général pas apparente pour le consommateur et qui est synonyme d'externalités positives et de production d'intérêt général, s'appuie sur des méthodes que l'OMC pourrait reconnaître et appliquer à l'ensemble du commerce mondial. Les consommateurs demandent que soit rendue possible une traçabilité des produits qu'on leur propose sur les étals des magasins. Un système de labellisation pourrait, en effet, transformer le commerce mondial. Celui-ci pourrait être fondé sur des critères objectifs choisis à partir des conventions internationales du domaine social, telles que les conventions de l'OIT, et, concernant le domaine environnemental, à partir des deux grandes conventions de Rio sur les changements climatiques et la diversité biologique. Le développement du commerce équitable, d'un côté, et l'évolution du commerce de droit commun, de l'autre, pourraient nous éviter les conséquences dramatiques du commerce mondial de type OMC dont nous avons dénoncé dans les chapitres précédents le caractère destructeur.

La finance mondiale et les banques qui la servent ne concernent qu'une part minoritaire de la population mondiale : sans doute moins du tiers des êtres humains en âge d'être bancarisés le sont au moins partiellement. Face à cette exclusion bancaire massive, c'est-à-dire à l'impossibilité pour les deux tiers de l'humanité d'avoir accès à un crédit dans des conditions non usuraires, les expériences de finances solidaires ou de microfinance se sont multipliées depuis une trentaine d'années. D'une part, des expériences mutualistes, dont l'origine est ancienne puisque ce sont les mutuelles qui ont donné naissance au XIXe siècle au syndicalisme ouvrier et à l'économie sociale, d'autre part, des expériences de microcrédit, issues pour partie de l'action pionnière de la *Grameen Bank* du Bangla Desh, mais aussi de beaucoup d'autres actions d'épargne, de crédit, d'assurance santé, de financement de la construction populaire qui ont contribué à la multiplication de circuits financiers nouveaux et alternatifs. Aujourd'hui, ces circuits financiers qui atteignent plus de 80 millions d'exclus des circuits bancaires sont en voie de se connecter entre eux et de s'articuler avec des circuits financiers internationaux, bancaires ou non-bancaires. Une autre finance est née, différente en ce que, au-delà du nécessaire équilibre financier qui garantit sa pérennité, elle se donne un objectif social et permet la réinsertion dans l'économie de dizaines de millions d'exclus. Cette finance solidaire est riche d'enseignements pour la finance de droit commun. Nous retrouvons là encore, au moins dans l'expérience française, la question du label qui garantit à des épargnants solidaires que leurs épargnes vont bien être canalisées vers des entreprenants et des entreprises qui contribuent à la réinsertion des personnes en difficulté et respectent des règles de bonnes conduites sociales et environnementales. Là encore, les ONG engagées dans ces expériences cherchent un « double dividende » : développer des circuits financiers nouveaux et contribuer à transformer les circuits bancaires classiques, notamment en les obligeant à assurer une traçabilité des épargnes confiées par des citoyens conscients de leur responsabilité sociale et environnementale.

Développer la solidarité internationale

Avant de présenter quelques propositions majeures, quelques mots sur la question délicate des conditionnalités liées à tout acte de transfert de financement public ou privé, qu'il s'agisse de dons ou de prêts. Les IFI, sur lesquelles ont tendance à s'aligner tous les bailleurs de fonds publics, mettent en avant la « bonne gouvernance », ce qui, outre quelques attentions portées à la lutte contre la corruption, concentre le regard sur le respect d'une politique macro-économique libérale par le pays récipiendaire. Les ONG estiment que les conditionnalités, si conditionnalités il doit y avoir, devraient aider le pays à progresser dans sa marche vers une démocratie représentative et participative et vers un développement durable. Elles estiment que, selon leurs habitudes, les organisations internationales et les gouvernements pourraient s'accorder sur des indicateurs permettant de suivre, dans ces deux domaines, les efforts faits et les résultats obtenus. Bien sûr, il faut pouvoir décliner de tels indicateurs globaux selon les spécificités de chaque pays ou de chaque projet et selon le degré de pauvreté ou de précarité des pouvoirs et des services publics et introduire une flexibilité dans le suivi des conditionnalités acceptées.

Ceci dit, raisonner ainsi, c'est déjà considérer que la question de la « bonne gouvernance », si nous conservons cette notion, est résolue avant d'être posée. Le vrai défi est bien de savoir comment des régimes qui ont failli vis-à-vis de leurs peuples peuvent se transformer en démocraties représentatives et participatives. Comment des gouvernements, indifférents à la qualité de leurs politiques publiques, peuvent-ils par miracle s'intéresser à des politiques d'appui au développement durable ? Dans ces domaines, les progrès ne peuvent être observés et mesurés que sur une longue durée. La réponse, qui s'exprime en terme de processus, demande du temps et, donc, ne correspond pas au besoin de suivi des bailleurs de fonds qui doivent rendre des comptes d'année en année. De plus, les avis sont partagés sur la détermination des moteurs de la démocratie et du développement. Il faut bien sûr de bonnes politiques et un environnement juridique favorable, mais il faut surtout que les acteurs du développement jouent pleinement leurs rôles. Pour les ONG, la démocratie et le développement passent nécessairement par la capacité d'initiative des acteurs économiques, sociaux et territoriaux et par leur organisation en acteurs collectifs. Elles auront donc tendance à privilégier des critères liés au renforcement de ces acteurs non gouvernementaux même si rien ne garantit que ceux-ci, s'ils se renforcent, conserveront un rôle positif. En effet, nulle part dans le monde, le renforcement des acteurs non gouvernementaux ne se fait à l'écart de la sociologie ambiante, des hiérarchies sociales et des réseaux d'influence. Nulle part, il n'est simple d'atteindre un haut degré de pureté démocratique. Quoi qu'il en soit, il n'y a pas d'autres solutions que de parier sur le développement des mouvements citoyens et, en terme de coopération, de reconnaître l'importance des partenariats non gouvernementaux.

Quoi qu'il en soit, deux écueils sont à éviter : le transfert des moyens financiers sans réclamer le moindre compte-rendu sur la gestion et l'utilisation des fonds de solidarité et le transfert du contrôle de l'utilisation des fonds à des organisations internationales, par ailleurs prescriptrices de politiques macro-économiques discutées et discutables. Les ONG proposent la mise sur pied d'une juridiction internationale chargée de vérifier la qualité de la gestion des comptes et la rigueur des circuits financiers. Une telle juridiction indépendante, qui n'aurait pas à se préoccuper de la pertinence des politiques suivies, pourrait dépendre des Nations unies ou d'instances régionales. Elle rendrait ses rapports à la fois aux gouvernements concernés et aux bailleurs de fonds qui pourraient en tirer des conséquences pour leurs dotations futures.

Venons-en à la solidarité financière. Disons qu'il y a urgence à changer la nature caritative de la solidarité internationale et à penser le financement du développement en termes de justice et de fiscalité nationale et internationale. Disons, en deuxième lieu, qu'il faut redonner à la question de la rémunération du travail et aux prix des produits de base une priorité majeure qui a disparu avec la marginalisation de la CNUCED et la montée en puissance du GATT, puis de l'OMC. Disons, enfin, que les pays du Nord doivent tenir les promesses qu'ils ont faites concernant les montants d'aide publique au développement et qu'ils devront, d'une manière ou d'une autre, passer un coup d'éponge sur une bonne partie des dettes cumulées et sur leurs enregistrements dans les bilans des banques publiques et privées.

La mobilisation par des voies fiscales de ressources publiques nationales et internationales et leur injection dans le développement par le biais des politiques publiques est une priorité. Le monde ne peut plus se satisfaire de ressources publiques de caractère caritatif, caractère lié à leur nature aléatoire, temporaire et conditionnelle. Il ne s'agit pas seulement en effet de réaliser des investissements au coup par coup mais de faire fonctionner des services essentiels, ce qui nécessite une pérennité des moyens de financement. La mise en place dans les pays du Nord d'une fiscalité sur les revenus et les avoirs des personnes physiques et morales et sur les actes économiques a été une étape essentielle de leur développement. Cette solidarité financière, manifestée au sein d'une communauté, en l'occurrence nationale, est l'un des fondements de l'idée de nation. Le vote de la loi de finance par la représentation nationale est un acte central de la vie démocratique. La mutation d'un sentiment de charité en un désir de justice fiscale et en une volonté de redistribution des richesses constituerait une étape fondatrice d'une véritable communauté, en l'occurrence internationale.

Une fois affirmée la priorité donnée à la création, au renforcement et à la stabilisation des fiscalités nationales et internationales, plusieurs remarques s'imposent. Il y aurait, pour le moins, un paradoxe à chercher à collecter par de nouvelles taxes internationales quelques milliards de dollars et à ne pas lutter avec la plus grande énergie contre l'érosion des rentrées fiscales traditionnelles provoquée par des pratiques de *dumping* fiscal et par l'existence de zones de non-droit comme les paradis fiscaux. Le parallélisme de l'assèchement des ressources fiscales nationales et, concomitamment, l'accroissement des moyens des institutions financières internationales est préoccupant. L'acceptation d'un tel transfert de capacité de financement dénote une tolérance, voire un encouragement, à la mise sous tutelle des pays nécessiteux. En complément d'une action vigoureuse contre ces zones de non-droit, qui asphyxient les fiscalités nationales, il convient de susciter une réflexion en vue de la mise en place d'une fiscalité internationale. En permettant aux acteurs financiers et économiques les plus mobiles de faire apparaître leurs bénéfices dans des territoires où la fiscalité est inexistante ou dérisoire et où règne un secret bancaire, la mondialisation contribue au déclin des ressources fiscales nationales et donc à la paupérisation des États.

De ce point de vue, l'initiative lancée par les Présidents Chirac, Lagos, Lula et Zapatero pour la mise en place de taxes internationales est de la plus haute importance. À ce jour, les propositions des quatre hauts responsables ne sont pas convergentes. Le président Lula propose la création d'un Fonds international pour lutter contre la faim dans le monde et peut-être pense-t-il financer ainsi la mobilisation d'une partie des immenses capacités de production agroalimentaire brésilienne. Le président Chirac envisage de son côté la mise en place de taxes internationales pour financer des services essentiels nécessaires à la réalisation des objectifs du millénaire pour le développement. Le rapport Landau, du nom de l'inspecteur général des finances qui présidait le groupe réuni par la présidence de la République française, propose une série de taxes sur des flux et sur des acteurs financiers liés à des activités mondialisées. Depuis la taxe dite Tobin jusqu'à un impôt sur les émissions de carbone, une bonne dizaine de propositions, techniquement envisageables, sont présentées. Pour la France, le président Chirac a fait un premier choix en s'engageant à taxer les passagers des vols qui décollent d'un aéroport français et à consacrer les fonds ainsi collectés à l'achat de médicaments génériques pour lutter contre le Sida. La plupart des ONG considèrent que la restauration des fiscalités nationales et la mobilisation de ressources nouvelles grâce au lancement de taxations internationales sont des priorités. Il est en effet tout à fait inéquitable de ne pas lier mondialisation économique et fiscalité international. Le principe de l'impôt sur le revenu tel qu'il a été pratiqué dans les économies occidentales est fondé sur la progressivité, chacun contribuant à un financement des biens publics à concurrence de ses moyens. On ne voit pas ce qui rendrait ce principe obsolète à l'échelle planétaire aux regards des énormes besoins de financement décrits précédemment.

La question de la rémunération du travail se pose également de manière lancinante. Pour les paysans, elle est directement liée à celle du niveau et de la stabilité des prix agricoles. Même si nous avons le plus grand doute sur ces statistiques, nous savons qu'il y a un décalage considérable entre les revenus ruraux et les revenus urbains (respectivement 5,4 fois moindre en Afrique ; 3,9 fois moindre en Amérique latine et 7,6 fois moindre en Asie, chiffres déduits très facilement des statistiques portant sur la part de la population et du revenu agricoles dans la population et le PNB total). Le déclin des prix agricoles est aujourd'hui la cause majeure de la paupérisation des paysans et de probables hémorragies, que nous avons évoquées précédemment. Lorsque les prix agricoles s'établissent à un niveau tout simplement équitable, ils permettent aux producteurs, à l'inverse de ce qu'ils entraînent aujourd'hui, d'obtenir des revenus décents et de procéder à des investissements productifs. Ils deviennent le premier carburant du moteur du développement durable. Le transfert de richesses par les prix atteint directement les acteurs économiques et les unités de production sans avoir à financer au passage les lourds appareils de mise en œuvre de l'aide publique au développement et les administrations publiques des pays partenaires. Cette question des prix agricoles, que les négociateurs internationaux et les IFI refusent de considérer, est une question majeure pour l'avenir de la planète. Plus largement, et pour des raisons similaires, la rémunération du travail est une question clé. D'ailleurs, la sous-rémunération des paysans et leur exclusion massive, vers le néant économique et social, détruisent toute velléité de construire un marché mondial du travail. D'un côté, des hordes de sous-prolétaires, prêts à travailler dans n'importe quelles conditions, de l'autre, des capitaux apatrides échappant aux législations sociales et environnementales et aux fiscalités des pays d'origine, à quoi s'ajoutent une monnaie sous-évaluée et une bonne maîtrise technologique : ce cocktail chinois, imbattable, asphyxie les travailleurs et les pouvoirs publics du monde entier. Il est urgent de considérer que la première solidarité financière doit s'exprimer dans une juste rémunération du travail.

Autre source de financement du développement, l'aide publique au développement (APD). Malgré des promesses plus que trentenaires d'atteindre les 0,7 % du PNB, l'APD ne décolle pas d'un plancher compris entre 0,2 et 0,3 % du PNB des pays de l'OCDE. Les 70 milliards de dollars manquant seraient pourtant fort utiles pour aider les pays pauvres à maintenir un minimum de services essentiels et à atteindre les objectifs du millénaire pour le développement.

Enfin, la question de la dette est également un enjeu majeur pour des pays qui, malgré des efforts budgétaires drastiques, ne voient pas son poids se réduire. La dette a permis aux banques publiques mondiales, régionales et nationales et aux banques privées d'obliger les pays endettés à adopter des politiques économiques exportatrices et largement ouvertes aux acteurs économiques internationaux. La dette des pays du Sud ne représente en fait que le montant des capitaux échangés, ou plus exactement le montant des ordres d'opérations donnés en un jour, dans ou entre les places financières, soit environ 2 000 milliards de dollars ; c'est donc pour les acteurs financiers une petite affaire. C'est par contre une affaire importante pour les contribuables des pays de l'OCDE, qui sont appelés à compenser l'effacement des écritures dans les comptabilités des banques. La dette représente un montant moyen d'environ 8 000 dollars par foyer fiscal, en admettant que tous les foyers fiscaux des pays de l'OCDE payent un impôt et si, bien sûr, celle-ci reste évaluée, contre toute logique financière, à sa valeur nominale. À côté de la réflexion sur la manière de restructurer, de réduire ou d'annuler la dette, de nombreux débats subsistent. Il y a débat sur la responsabilité des prêteurs, mais ceux-ci ont bénéficié de la garantie de leurs États en cas de défaillance des emprunteurs. Il y a débat sur la valeur des dettes, qui, au lieu de s'éroder avec le temps, se valorisent avec l'évolution des taux de change et des taux d'intérêt. Il y a débat sur le caractère illégitime ou odieux de certaines dettes ; les milieux financiers et gouvernementaux n'aiment guère cette idée d'indignité, sauf dans le cas de Saddam Hussein et de la dette irakienne. Bref, ce boulet que traînent la communauté internationale et les pays lourdement endettés – et les pays du tiers monde le sont presque tous – doit être dissous quel qu'en soit le coût. Deux questions majeures sont sur la table de négociation : Qui va payer l'addition ou comment va-t-on la partager ? Que faut-il faire pour que les déséquilibres structurels, qui ont provoqué l'accumulation des dettes passées, ne provoquent pas un nouveau processus d'endettement ?

Telles sont les grandes orientations que se donnent les ONG dans leurs actions en direction de l'opinion publique et des négociateurs internationaux. Reste à comprendre comment elles opèrent pour faire avancer le débat et la négociation internationale vers ces objectifs lointains. De nombreux exemples nous montrent la diversité des formes d'actions et des pratiques employées. Pourtant, nous remarquons l'émergence d'un savoir-faire collectif qui fonde ce que nous appelons une diplomatie non gouvernementale.

Chapitre V

Les ONG et la gouvernance mondiale

N'importe quelle personne physique ou morale, n'importe quelle ONG, peut s'exprimer sur les questions internationales, le faire publiquement et chercher à se faire reconnaître comme le porte-parole d'une majorité silencieuse. Encore faut-il que quelqu'un l'entende et, pour ce faire, que sa parole soit assez puissante et puisse être considérée comme légitime et représentative. Cette recherche, d'un côté, de l'efficacité et, de l'autre, de la légitimité et de la représentativité suppose le respect de conditions qui ne sont pas à la portée du premier affabulateur venu. Et c'est tant mieux, car l'imposture est l'une des plaies de la vie non gouvernementale. Contrairement à un diplomate dont le mandat est clair, un acteur non gouvernemental doit toujours dire d'où et au nom de qui il parle.

Mettons l'imposture de côté et regardons les
ONG dans leurs actions de plaidoyer international. Au
degré zéro de l'efficacité et de ce nous appellerons la
diplomatie non gouvernementale, il y a l'expression
dispersée, incohérente et, souvent, contradictoire d'une
myriade d'organisations avançant en désordre des
requêtes innombrables. Bref, un premier piège se
présente aux ONG, celui de la cacophonie. À l'autre
extrême et dans la tête de quelques ingénieurs en génie
institutionnel, il y a, parlant au nom de cette même
innombrable famille constituée en un « acteur collectif
international » unique, un porte-parole énonçant la
position, les propositions et les revendications de la
« société civile mondiale ». Ces deux extrêmes sont,
l'un, inefficace, l'autre, dangereux. Mieux vaut
cheminer dans la réalité d'un mouvement dont les
membres sont extrêmement divers, nés en tous les
points du globe et animés par le désir de servir une
infinité de causes, mais qui, tous, ont ou doivent avoir
la volonté de construire un monde de solidarité. Ils ont
aussi en commun d'avoir compris que, à l'ère de la
mondialisation, il faut pouvoir accéder à la table où se
négocient les règles du jeu qui sont les premières causes
du mal-développement, des grands drames sociaux et du
saccage de la planète. Les ONG se doivent de construire
de l'unité à partir d'une extrême diversité.

Dans ce chapitre, qui est le cœur de ce livre, nous
verrons comment se construisent les « acteurs collectifs
internationaux » de la solidarité. Si elles veulent pouvoir
parler haut et fort sur la scène mondiale, là même où se
déroule la négociation internationale, les ONG doivent
s'organiser. Nous utiliserons dans ce chapitre nombre
d'informations et d'analyses rassemblées par Maëllis

Borghese, Hélène Nieul, Blandine Pons, Francesca Randazzo, Mathilde Renard et Marion Weinspach, toutes étudiantes à l'Institut d'Etude politique, dans un rapport publié en juin 2004 à la demande de Coordination SUD et intitulé *Rôle des organisations non gouvernementales dans le débat public et la négociation internationale* (*cf.* le site web de Coordination SUD).

Les ONG face aux interrogations sur leur légitimité
Les acteurs non gouvernementaux, qui souhaitent agir sur la scène internationale et peser sur les processus internationaux de négociation, doivent chercher à être légitimes, représentatifs et indépendants et à être reconnus comme tels.

Première question :
De quel type de légitimité les ONG peuvent-elles se prévaloir ?
La légitimité s'acquiert par une implication locale et concrète dans la réalité des questions qui sont l'objet d'une négociation internationale et dans des relations avec des partenaires, souvent les victimes, qui affrontent ces questions dans leurs vies quotidiennes. La légitimité implique qu'un lien existe entre des engagements partenariaux locaux, aussi diversifiés que possible pour couvrir un large éventail de situations réelles, et des actions de caractère international, celles-ci pouvant être menées à la fois en direction de l'opinion publique nationale ou mondiale et en direction des négociateurs internationaux.

Prenons trois exemples de batailles diplomatiques dans lesquelles les ONG ont joué un rôle déterminant et posons-nous la question du caractère légitime de leur

volonté d'intervenir dans ces négociations : la production de médicaments génériques, l'interdiction des
mines anti-personnelles et la question des prix
agricoles.

L'Accord ADPIC (Aspect des droits de propriété
intellectuelle qui touchent au commerce, TRIPS en
anglais) qui concerne la reconnaissance de la propriété
intellectuelle et qui fait partie de la trentaine d'accords
négociés dans le cadre de l'OMC, entraîne une
augmentation du prix des médicaments couverts par
des brevets. Eu égard aux coûts de traitement du
Sida, Médecins sans frontières (MSF) avait décidé de
concentrer son action sur des maladies tout aussi
ravageuses, mais dont les soins nécessitent des
moyens financiers plus abordables. Le raisonnement
est compréhensible sur le plan économique, mais il
est pour le moins paradoxal vu les ravages provoqués
par le Sida en Afrique et les menaces terribles que l'épi-
démie fait peser sur les populations. En 1999, MSF a
décidé d'affecter les ressources acquises grâce à son
prix Nobel à la lutte pour un meilleur accès aux médicaments, et particulièrement à la trithérapie. Il n'a pas
fallu longtemps pour constater que la plus grande
partie du coût des médicaments n'était pas liée à leur
production, mais que le système des brevets, qui permet
d'éviter toute concurrence, laisse à l'entreprise les
mains libres pour fixer les prix de ses médicaments.
Ce monopole organisé se justifie par le besoin de
protéger un retour sur les investissements de recherche
consentis par les laboratoires privés des grands groupes
pharmaceutiques, il est légalisé grâce aux termes de
l'accord ADPIC. Considérant que le droit à la santé,
en l'occurrence à la vie, était un droit supérieur aux

droits de propriété intellectuelle et industrielle, les
ONG ont demandé aux négociateurs de reconnaître
que, en cas de sérieux problèmes de santé publique,
les gouvernements devaient pouvoir s'appuyer sur
une clause de sauvegarde les autorisant à utiliser des
médicaments génériques sans avoir à attendre vingt ans
que les innovations tombent dans le domaine public.
Ce débat, introduit dans le processus des négociations
commerciales, a été porté par les médias devant l'opinion publique le 5 mars 2001 lors du procès retentis-
sant opposant trente-neuf firmes pharmaceutiques au
gouvernement sud-africain accusé de ne pas respecter
les droits de propriété intellectuelle. La pétition lancée
par MSF demandant aux firmes multinationales de
retirer leur plainte a recueilli 250 000 signatures et a
contribué à alimenter une campagne qui a retourné la
position des plaignants, à tel point que ces derniers se
sont retrouvés en mauvaise posture devant le tribunal
de l'opinion publique internationale. Résultat : après
quelques semaines, les multinationales ont retiré leur
plainte en avril 2001. Réunie à Doha en novembre
2001, quelques semaines après les attentats du
11 septembre, la conférence ministérielle de l'OMC a
pu faire oublier l'échec de Seattle et lancer un nouveau
cycle de négociation, le cycle dit du développement. Le
principe d'une négociation sur la clause de sauvegarde
faisait partie des premiers objectifs de ce cycle. En
juillet 2003, juste avant la conférence ministérielle de
Cancún, un accord a été trouvé entre les pays. Il a
donné en partie satisfaction aux ONG, mais seuls
quelques pays en développement – Inde, Brésil, Thaïlande, Afrique du Sud – sont à même de produire une
gamme complète de médicaments génériques. Les

ONG ont donc réclamé que soit également reconnu le droit d'exporter et d'importer des génériques entre pays du Sud producteurs et importateurs.

L'association MSF était-elle légitime pour porter cette question de santé publique, puis une proposition de négociation, au cœur du processus diplomatique ? Vu ses états de service auprès des malades, dans les camps de réfugiés ou dans les hôpitaux de brousse, il est difficile de répondre par la négative. S'arrêter aux portes des camps ou des hôpitaux et ne pas chercher à s'attaquer aux causes des problèmes de santé publique, même lorsque celles-ci amènent les associations jusqu'au cœur de la négociation internationale, pourrait être considéré comme contraire au serment d'Hippocrate et être reproché aux ONG par les malades. Il n'y a pas de doutes à avoir sur la légitimité des ONG qui ont fait le choix de s'engager dans cette bataille.

Dans un autre registre, l'association Handicap International (HI) s'implique dans toutes les actions susceptibles d'aider les victimes de conflits armés ou de guerres civiles. Faute de pouvoir être interdite, la guerre doit respecter des règles définies par les conventions de Genève. La première de ces règles est le respect des populations civiles. Malheureusement, dans les conflits « modernes », les populations civiles sont lourdement frappées par les effets collatéraux des actes de guerre ou, plus souvent même, servent de boucliers humains ou sont prises en otages par les belligérants. Certaines armes sont d'ailleurs dirigées contre les populations civiles, c'est le cas des mines antipersonnelles. Ces mines, longtemps après la fin des hostilités, continuent de faucher des enfants qui jouent hors des sentiers battus ou des paysans qui labourent leurs champs. HI sans se détourner de sa vocation première – appareiller les victimes des mines antipersonnelles – a voulu s'attaquer à l'usage des mines elles-mêmes. Nous assistons alors à un scénario classique : création d'une coalition très large autour d'un noyau des sept associations *leaders*, campagne d'opinion, interaction avec des négociateurs gouvernementaux. La première action ou étape prépare la seconde étape, qui, à son tour, annonce la troisième. En 1992, HI s'associe à cinq autres ONG internationales, *Mines Advisory Group* (Royaume-Uni), *Medico International* (Allemagne), Fondation des vétérans du Vietnam, *Human Rights Watch* et *Physicians for Human Rights* (États-Unis) pour former le noyau dur de l'*International Campaign to Ban Landmines* (ICBL) et lancer une campagne internationale qui rassemble rapidement plus de 1 200 associations originaires de quatre-vingt-dix pays avec un seul objectif : obtenir l'interdiction pure et simple des mines antipersonnelles. Jody Williams, coordinatrice de la campagne, parle alors de l'opinion publique comme d'une « superpuissance ». Tout est fait pour faire monter la pression sur les négociateurs. Certains pays, en l'occurrence des puissances moyennes comme le Canada, reprennent la proposition et lui donnent une dimension diplomatique originale puisque le processus se déroule hors du cadre onusien. L'ICBL permet d'articuler des campagnes nationales avec l'action internationale et d'orchestrer les interventions des ONG auprès de leurs gouvernements respectifs et la bataille diplomatique internationale. En décembre 1997, cent vingt-deux pays signent à Ottawa le traité d'interdiction totale des mines antipersonnelles. À noter que les États-Unis, la Russie, la Chine, l'Inde, le Pakistan, Israël et l'Égypte ont refusé de signer, voire ont déployé beaucoup d'énergie pour bloquer le processus d'Ottawa. Les six ONG *leaders* de la coalition reçoivent en 1997 le prix Nobel de la Paix. Mais, reste maintenant une tâche encore plus ambitieuse à accomplir : faire respecter ce traité. Pour ce faire, les ONG membres de la campagne et une dizaine de gouvernements (dont le gouvernement français) créent l'« Observatoire des mines » qui recueille les informations en provenance des ONG et de leurs partenaires habitant les sites minés et bénéficie de l'appui d'un réseau d'une centaine de chercheurs. L'observatoire publie un rapport annuel. Il agit en parallèle, voire en appui à l'action des gouvernements qui doivent eux-mêmes rendre compte au secrétaire général des Nations unies de leurs activités dans ce domaine.

L'association Handicap International et ses partenaires étaient-ils légitimes pour interpeller les gouvernements et leur demander d'interdire les mines antipersonnelles ? Difficile, là encore, de répondre négativement. La cause de beaucoup des drames rencontrés dans les zones de conflits étant bien identifiée, comment les associations pourraient-elles faire semblant de ne rien voir et de ne rien faire pour tenter d'éradiquer cette cause ? Serait-ce une attitude responsable de leur part ?

Observons un troisième domaine d'intervention des ONG, celui de l'agriculture. De nombreuses ONG côtoient des paysans et travaillent avec leurs organisations professionnelles ou syndicales. Les paysans sont, dans leur grande majorité, tout en bas de l'échelle sociale et économique, à l'image des *nègres gros orteils haïtiens* qui sont trop pauvres pour s'acheter des chaussures. Ils font face à beaucoup de difficultés, mais tous partagent l'idée que le déclin et l'instabilité des prix des produits agricoles et la disparition de leurs marchés traditionnels sont les premières causes de leur pauvreté et d'une paupérisation progressive. Nous sommes face à un problème diplomatique fort complexe car il touche au moteur central de la mondialisation au service duquel travaillent les IFI et l'OMC : le déclin des prix et la disparition des marchés locaux sont en effet directement liés à l'intégration des marchés et à la mise en concurrence de tous les producteurs agricoles du monde. La question des prix agricoles a disparu de l'agenda de la négociation internationale, car ceux qui établissent cet agenda considèrent qu'il est dangereux de perturber les logiques de marché et de penser pouvoir le gouverner, voire simplement l'encadrer. Pour ces thérapeutes, si le médicament proposé – la libéralisation des marchés agricoles – ne marche pas, ce ne peut être que parce que sa dose a été insuffisante et son application trop lente. Il faut donc libéraliser deux fois plus et deux fois plus vite ! La plupart des ONG ne partagent pas ce diagnostic et demandent au contraire une évaluation indépendante de l'impact des accords de Marrakech sur la situation des agricultures et des agriculteurs des différents pays. Dans l'attente du verdict et de sa discussion avec les organisations paysannes, elles réclament une pause dans le processus de libéralisation et la reconnaissance pour les pays d'un droit de protéger leurs marchés. En s'appuyant sur des expériences de commerce équitable, elles demandent également que puisse être identifiée, reconnue et mesurée la valeur sociale et environnementale des produits et, en se fondant sur des expériences de maîtrise de l'offre de produits sur des marchés déséquilibrés et, donc, déprimés, elles demandent l'étude et la mise en place de mécanismes juridiques et économiques de régulation des marchés agricoles. Enfin, mais c'est plus conforme à la pensée libérale, elles demandent la fin du *dumping* agricole et la suppression des subventions qui le permettent. La conférence ministérielle de l'OMC s'est réunie à Hong Kong en décembre 2005. Les questions agricoles ont été une fois encore au cœur de la négociation. La création d'une coalition non gouvernementale, le lancement d'une campagne d'opinion et l'interaction avec les gouvernements n'ont pas réussi à inverser la logique de fonctionnement des marchés agricoles, mais peut-être a-t-on avancé dans la voie de la reconnaissance d'une exception agricole.

Les ONG et les organisations paysannes sont-elles légitimes pour tirer la sonnette d'alarme, demander une pause et lancer une série de propositions dans ce domaine majeur de la négociation commerciale ? Devant la situation des paysanneries et la constatation qu'aucun gouvernement ne se préoccupe réellement de ses producteurs agricoles, il est difficile, une fois de plus, de répondre par la négative et, une fois encore, que dirait-on si les ONG ne cherchaient pas à s'attaquer aux causes des difficultés que leurs partenaires rencontrent dans leurs villages, même si cette bataille doit les amener à faire les voyages de Seattle, de Doha, de Cancún et de Hong Kong ?

Les ONG sont interrogées sur leur légitimité à porter des questions au cœur de la négociation. Loin de s'excuser de leurs incursions sur la scène diplomatique, elles doivent invoquer un devoir de dénonciation et d'intervention au plus haut niveau, puisque c'est là que se traitent ou non les causes premières des problèmes rencontrés dans leurs actions de terrain. Attaquer les causes et pas seulement les conséquences des problèmes qui font souffrir leurs partenaires est une obligation morale, un gage d'efficacité des actions locales et de responsabilité à l'égard des victimes.

Deuxième question :
Les ONG peuvent-elles être représentatives ?
Même si le nombre compte dans ces grandes batailles internationales, la représentativité des ONG ne se mesure pas en millions ou en centaines de millions de personnes engagées derrière elles. Elle se mesure par la diversité de l'assise géographique, mais aussi sociale et culturelle, des ONG et par la représentation de cette diversité au sein des organes de gouvernance des *acteurs collectifs non gouvernementaux*, acteurs collectifs qu'elles construisent. Ces acteurs collectifs se doivent donc d'avoir une assise qui soit représentative de la communauté internationale ou de la société civile mondiale ou, plus simplement et pour éviter ces concepts incertains, de la diversité du monde. Les ONG naissent localement de l'initiative d'un groupe de personnes militantes ; elles ont donc un long cheminement à parcourir pour construire une telle assise. Ce parcours emprunte trois voies différentes, comme nous allons le voir. Une ONG peut essayer de franchir toutes les étapes en solo : c'est le cas des organisations internationales non gouvernementales (OING), comme OXFAM, Amnesty International, Greenpeace ou Médecins sans frontières. Mais, le plus souvent, ce cheminement passe par la construction d'une fédéra-

tion d'acteurs appartenant à la même famille et présents dans de nombreux pays, c'est le cas, par exemple, du mouvement Caritas Internationalis, qui fédère les organisations catholiques nationales engagées dans la solidarité. Il existe aussi des coalitions de plates-formes nationales, qui, chacune, regroupe les ONG d'un même pays, c'est le cas, par exemple de CONCORD, la fédération européenne des ONG qui réunit les plates-formes nationales d'ONG des pays européens comme Coordination SUD, la plate-forme française. Ces acteurs collectifs permettent aux mouvements associatifs de monter l'échelle qui mène du niveau local jusqu'à la scène internationale. Nous analyserons en détail la typologie de ces acteurs collectifs, leurs logiques de construction, leurs caractéristiques et la façon dont chacune des familles peut enrichir le mouvement citoyen mondial.

Troisième question :
Quel degré d'indépendance les ONG peuvent-elles espérer atteindre ?
Pour les ONG, l'indépendance totale est difficile à atteindre dans la mesure où les associations, les organisations volontaires, les *charities* ou toute autre forme juridique d'organisations de solidarité internationale sont *sans but lucratif* et fondées sur un *modèle économique* limité aux cotisations de leurs membres et aux financements extérieurs qu'elles sollicitent. Les cotisations des membres peuvent suffire à faire vivre une association qui n'aurait qu'une fonction de représentation ou qui se limiterait à la fourniture de services à ses propres membres. Mais elles sont insuffisantes dès lors que l'association développe des actions,

souvent lourdes, au bénéfice de tiers, comme c'est le cas dans le domaine de la solidarité internationale. Dès lors, les appuis privés ou/et publics sont nécessaires. Ceux-ci sont toujours explicitement ou implicitement conditionnels. Les exigences des donateurs privés portent sur la qualité et la rigueur de la gestion des ressources et sur le respect de la destination des fonds, ce qui est bien normal. Les dons privés sont fortement conditionnels, car les donateurs ne sont durablement généreux que si la réalité de l'action menée par l'ONG correspond à l'image qu'elle donne au travers de l'information qu'elle transmet dans sa stratégie de *fund raising*. Aussi, le service de communication, qui projette l'image de l'association vers l'extérieur, joue-il un rôle central dans l'organisation des grandes associations. C'est ce qui a pu faire parler à propos des ONG de *charity business*. Pour les financements publics, la conditionnalité est plus apparente. Elle est le plus souvent mentionnée dans le contrat de financement.

Mais, certaines ONG sont dépendantes non seulement par leurs modes de financement, mais aussi très clairement de par leurs origines. Il est tentant pour des gouvernements, des acteurs économiques ou des sectes, cherchant à développer leur influence, de créer ou de susciter la création d'associations pour servir leurs intérêts. Les ONG ont en effet acquis un pouvoir d'influence important et l'usage du droit d'association est d'un accès immédiat : il suffit, en France, que deux personnes décident de se constituer en association pour que celle-ci existe ; elle sera enregistrée si les promoteurs souhaitent la faire reconnaître comme une personne morale disposant d'un statut juridique et d'un compte bancaire. Les Anglo-saxons appellent ces institutions relais des différents pouvoirs constitués des GONGOs, *Governmental organised NGO*, ou des BONGOs, *Business organised NGO*, ou encore DONGO, *donors organised NGO* : une pléthore d'ONG ont pour objectifs, plus ou moins avoués, de défendre des intérêts politiques ou commerciaux. Ce phénomène pèse sur la crédibilité du mouvement ONG. Pour essayer de le circonscrire, il est néanmoins hors de question de demander une limitation ou un encadrement du droit d'association par des instances publiques. C'est au mouvement lui-même de s'organiser pour faire barrage aux dérives. Ainsi, les organisations de solidarité internationale doivent-elle s'organiser en une famille ou un réseau doté d'une charte qui affirme le caractère non gouvernemental, non lucratif et non sectaire des ONG et les obligent à expliciter leur objet dans leurs statuts. Les plates-formes nationales d'ONG sont appelées à jouer un rôle de filtre par rapport à ces GONGO, BONGO ou DONGO, même si leurs objectifs ne sont pas toujours clairement annoncés et les frontières pas toujours faciles à tracer.

L'émergence des acteurs collectifs de la solidarité internationale

Cinq grandes familles d'acteurs collectifs internationaux (ACI) agissent sur la scène mondiale avec des degrés divers de légitimité, de représentativité, d'indépendance et, bien sûr, d'efficacité ; les organisations internationales non gouvernementales (OING), les réseaux internationaux de personnalités, les coalitions thématiques internationales d'ONG, les mouvements fédératifs d'ONG appartenant à une même famille et les coalitions de fédérations nationales d'ONG.

Premier type :
Les organisations internationales non gouvernementales

Les organisations internationales non gouvernementales (OING) ou *les multinationales du cœur*, comme les dénomment Thierry Pech et Marc-Olivier Padis, sont des organisations puissantes dont l'origine nationale reste plus ou moins marquée. Le passage à une identité internationale est conséquent à la fois au processus de croissance d'une ONG nationale et à une stratégie d'internationalisation. Nous proposons de donner un coup de projecteur sur quatre OING chacune *leader* dans l'un des quatre domaines majeurs de ce que nous appelons la solidarité internationale : OXFAM *(Oxford Committee for Famine Relief)* pour l'appui au développement, *Amnesty International* pour la défense des droits humains, *Greenpeace International* pour la défense de l'environnement et Médecins sans frontières (MSF) pour l'action humanitaire d'urgence. Ces très grandes organisations, même si elles ne limitent pas leur action à leur cœur de métier, car les domaines ne sont pas étanches, gardent une dominante.

OXFAM est une OING d'origine anglaise, créée en 1942 à Oxford suite à l'Occupation allemande de la Grèce et au blocus naval organisé par les Alliés. L'association s'est constituée pour venir en aide aux populations civiles grecques. Ces dernières décennies, OXFAM s'est développé sur tous les fronts de la solidarité internationale (action humanitaire d'urgence, aide au développement, défense des droits humains). L'association a été présente lors de toutes les crises et toutes les catastrophes naturelles. Elle a développé un réseau de près de 800 magasins de commerce équitable qui constitue aujourd'hui l'une des ressources majeures de l'association. Elle a disposé en 2003 d'un budget de 368 millions de dollars et a employé 2 300 salariés (dont 700 en Angleterre). En 1994, OXFAM s'est dédoublée entre OXFAM International et OXFAM Grande Bretagne. OXFAM International est composée de 12 OXFAM nationales (Allemagne, Autriche, Belgique, Canada, Espagne, États-Unis, Hong Kong, Irlande, Nouvelle-Zélande, Pays-Bas et Québec). L'ensemble de la « famille », entraîné par OXFAM GB (Grande-Bretagne), joue un rôle majeur dans la bataille de l'opinion publique mondiale. La méthode consiste en général à mobiliser des experts et à publier un rapport documenté sur un sujet stratégique et souvent sensible pour les relations Nord-Sud. Une campagne et un plan média, très professionnels, sont alors organisés en fonction du calendrier international et autour d'objectifs simples. Les 23 lobbyistes de l'organisation se mettent alors en mouvement et concentrent leurs actions sur quelques cibles ou quelques acteurs diplomatiques, souvent des organisations internationales avec lesquels une complicité est établie. Le cas de la campagne coton est intéressant : elle a incité quatre pays sub-sahariens (Bénin, Burkina Faso, Mali et Tchad) à faire du coton une question majeure lors de la conférence ministérielle de l'OMC (Cancún, septembre 2003), ce qui a largement contribué à bloquer la négociation. Au départ, il y a une question réelle : les pays africains peuvent afficher de bonnes

performances dans le domaine de la production cotonnière, mais le décontingentement de la production aux
États-Unis et les subventions massives reçues par les
producteurs de coton américains (3,9 milliards de
dollars pour 25 000 producteurs, c'est-à-dire davantage que le PIB du Burkina Faso !) provoquent une
offre excessive sur le marché mondial et un déclin des
prix. OXFAM publie *Cultivating poverty : the impact
of US cotton subsidies on Africa* (septembre 2002), fait
alliance avec quelques partenaires africains, dont
certains s'efforçaient sans grands moyens de faire
entendre la revendication des producteurs depuis des
années (Union des producteurs de coton du Burkina
Faso/UNPCB, Réseau des organisations paysannes et
des producteurs agricoles d'Afrique de l'Ouest/
ROPPA, Association cotonnière africaine, ENDA...).
L'attaque contre les subventions aux exportations du
coton américain et, dans une moindre mesure sud-
européen, rencontre les positions du *main stream* idéologique qui s'exprime à l'OMC (Institutions financières
internationales, Groupe de Cairns, Groupe des 20,
animé par le Brésil, qui sur le même sujet porte
plainte en bonne et due forme contre les États-Unis
devant l'Organe de règlement des différends de
l'OMC...). C'est ainsi par exemple que Ablasse
Ouedraogo, qui termine son mandat de directeur
général adjoint de l'OMC, propose de donner un
coups de main à l'UEMOA (l'Union économique et
monétaire de l'Ouest africain) et que l'IDEAS, une
ONG présidée par Artur Dunkel, ancien directeur
général du GATT, appuie les négociateurs africains
en poste à Genève. L'offensive coton est lancée par
les quatre pays le 30 avril 2003. Dès lors les deux

processus diplomatiques, l'un, gouvernemental et, l'autre, non gouvernemental, sont en place et en interaction : les quatre gouvernements portent l'initiative coton au cœur de la négociation alors qu'OXFAM et ses partenaires non gouvernementaux intensifient la campagne en direction des médias. Les critiques sur l'approche des problèmes ou sur la méthode retenue sont nombreuses, mais peu importe ; le train, porteur de messages simples, avance à vive allure et perturbe les équilibres diplomatiques traditionnels. Depuis Cancún, le dossier coton a été l'objet de la plus grande attention car les pays africains concernés ont bien peu de cartes à jouer sur le marché mondial, bien peu d'avantages comparatifs à faire valoir. Les pays développés savaient que la question du coton ressortirait à Hong Kong et pourrait, de nouveau, contribuer à perturber la négociation. Pourtant, rien n'a été fait pour régler véritablement le problème, c'est-à-dire pour garantir aux Africains une part du marché mondial et des prix planchers. Les négociateurs des pays développés ou émergents se sont efforcés de banaliser et de noyer la question du coton dans le dossier agricole – un « Sous-comité coton » du comité Agriculture a été créé – et de promettre quelques compensations immédiates en terme de coopération technique. Selon le rapport de la *Commission for Africa*, réunie pour préparer le G8 anglais par Tony Blair, la part de l'Afrique dans le commerce mondial est passée en 20 ans de 6 à 2 %, c'est-à-dire trois fois rien si on retire le pétrole et les autres ressources minières, qui sont aux mains des multinationales, et la plus grande part de l'économie sud-africaine, dont les caractéristiques sont peu africaines. Les pays africains sont, souvent bien malgré eux, les meilleurs élèves de la classe libérale : ils n'ont plus de protections aux frontières, plus guère de services publics, des politiques macro-économiques dictées et imposées par les institutions financières internationales à l'occasion des négociations sur la dette ou sur l'aide au développement. Devant les faibles résultats de l'aide accordée aux pays africains, plutôt que d'en incriminer les récipiendaires, il serait temps et préférable de remettre en cause profondément les bases largement idéologiques des appuis fournis ou subis par les Africains !

Abordons maintenant le domaine des droits humains. *Amnesty International* a été créé en mai 1961 par Peter Benenson. La condamnation à sept ans de prison de deux étudiants portugais qui avaient porté un toast à la liberté dans un restaurant de Lisbonne fut la goutte d'eau qui fit déborder de colère l'avocat londonien. Ce fait divers, anodin pour le régime Salazar, déclencha le processus qui mit sur les rails une organisation qui compte aujourd'hui 1,8 millions de membres et près de 6 000 groupes locaux. Pour les militants d'*Amnesty International*, il est tout aussi inacceptable de constater le grand écart entre la Déclaration universelle des droits de l'homme et les situations dramatiques de non-droit, notamment celles que subissent les *prisonniers de conscience*, une formule qui date des origines du mouvement. Il s'agit toujours d'obtenir la libération des prisonniers d'opinion, de veiller au respect des droits des victimes, de lutter contre la torture, d'abolir la peine de mort, de lutter contre l'impunité des crimes, de proclamer l'universalité et l'indivisibilité des droits humains. C'est toujours aussi la même méthode : constituer des dossiers au secrétariat londonien, puis les transmettre à des groupes locaux, qui poursuivent l'instruction et organisent la mobilisation, les interventions, les contestations et les campagnes de lettres adressées aux gouvernements montrés du doigt. Cette méthode a, dit-on, permis ou contribué à la libération de 45 000 détenus en près de 40 ans. À l'origine, chaque groupe adoptait trois prisonniers de conscience, l'un d'un pays occidental, l'autre d'un pays communiste, le troisième d'un pays du Sud, mais jamais un prisonnier de son propre pays. À ces actions décentralisées, s'ajoutent des actions plus centrales : l'édition du rapport annuel qui n'épargne aucun pays ; la participation aux instances qui, sans être des juridictions, sont chargées de suivre l'application par les gouvernements des engagements pris en matière de droits humains ; le lancement de grandes campagnes, à l'image de celle qui a abouti à la création de la Cour pénale internationale. *Amnesty* fonctionne avec un budget de 38 millions d'euros (budget 2002/2003) et ne sollicite aucune aide gouvernementale. Comme la plupart des grandes OING, Amnesty International s'est vu décerné le prix Nobel de la Paix (1977). Dans cette longue continuité et cette fidélité aux principes premiers, on observe quand même un tournant majeur, celui de la prise en compte des droits économiques, sociaux et culturels. Cette inflexion relie maintenant très directement *Amnesty International* à tous les réseaux d'ONG d'actions humanitaires, de développement et d'environnement.

Examinons précisément ce dernier domaine. *Greenpeace International* a été créé en 1979 par des groupes déjà constitués dans les principaux pays du Nord. L'association établira son siège à Amsterdam en 1989. Mais c'est en 1971 qu'un premier groupe de militants américains embarque sur le *Phyllis Cormak* pour manifester en Alaska contre les essais nucléaires américains. En 1972, le gouvernement américain met fin aux essais atmosphériques. En 1972, des militants australiens embarquent sur un *ketch* en direction de la zone d'essai de Mururoa, mais ils ne peuvent que retarder les essais français. En 1973, le *ketch* repart. Il est arraisonné par la marine française. Un film montre l'événement et ruine l'argumentation française sur les causes d'un accident survenu lors de l'arraisonnement. En 1974, le gouvernement français met fin aux essais atmosphériques. *Greenpeace* continue à manifester contre les essais nucléaires et le *Rainbow Warrior* se prépare à appareiller le 10 juillet 1985 lorsqu'une double explosion le fait sombrer dans le port d'Auckland et provoque la mort d'un militant portugais. Les agents secrets sont arrêtés et le gouvernement français mis en cause. Ce triste événement ruine la diplomatie française et provoque en France une crise gouvernementale. En 1975, *Greenpeace* s'attaque à un nouveau sujet, le respect du moratoire sur la chasse à la baleine décidé lors de la conférence des Nations unies sur l'environnement de 1972. L'association s'en prend d'abord à des bateaux soviétiques, puis à toutes les flottes qui continuent la chasse aux grands mammifères marins : Japon, Norvège, Islande, Espagne, Australie, URSS et Pérou. D'autres méthodes sont employées ; un boycott est lancé contre les produits norvégiens. En 1982, la Commission baleinière internationale décrète un moratoire illimité. Citons encore deux autres actions célèbres : l'occupation de la plate-forme pétrolière *Brent Spar*, que Shell avait décidé de couler, le 1er mai 1995, décision que la compagnie a finalement annulé le 21 juin 1995 et l'occupation de 28 stations d'essence ESSO au Luxembourg en 2002 qui a amené l'assemblée générale de la compagnie à lancer un plan pour le développement des énergies renouvelables. La méthode *Greenpeace* ressemble à celle des autres grandes OING, mais elle se veut plus médiatique. Des opérations commandos, menées contre les responsables des maux combattus et engagées sous le regard de la presse, interpellent l'opinion publique. *Greenpeace* s'appuie d'abord sur un travail d'enquête et la publication de rapports, engage un dialogue avec les autorités sur la base de ses analyses et de ses propositions, en général sans succès. Démarre alors une phase plus publique d'information et de pression, parfois des actions judiciaires, si l'association pense pouvoir avoir gain de cause et faire établir une jurisprudence ; enfin, elle engage des actions de confrontations ; boycotts, occupations, enchaînements, harcèlements. *Greenpeace International* se concentre sur des domaines qui concernent l'environnement mondial : la défense des océans et des forêts, la lutte contre les combustibles fossiles et les gaz à effet de serre ; l'énergie nucléaire ; la circulation des déchets toxiques ; la diffusion des OGM. *Greenpeace* suit son propre agenda, mais l'association s'appuie également sur les accidents écologiques majeurs et sur l'agenda diplomatique international. L'organisation a joué un rôle fondamental dans l'éveil d'une conscience écologique planétaire. La conférence de Rio a été l'un des aboutissements diplomatiques de cette conscience nouvelle et s'est concrétisé par l'adoption de l'Agenda 21 (pour

XXIᵉ siècle) et la signature de deux conventions internationales sur le changement climatique et sur la diversité biologique. *Greenpeace International* est une OING centralisée qui est propriétaire de la *marque* et peut donc donner ou retirer le nom *Greenpeace* aux vingt-et-un bureaux qui composent l'association internationale. C'est l'assemblée générale annuelle qui décide des campagnes et c'est le secrétariat qui, à Amsterdam, construit ces campagnes, parle au nom de l'association et discute avec les organisations internationales. *Greenpeace* a un budget de 157,7 millions d'euros et refuse les contributions des gouvernements, des collectivités territoriales et des entreprises. L'association annonce 3 millions d'adhérents/donateurs.

Intéressons-nous enfin au domaine de l'action humanitaire d'urgence au travers de l'engagement de Médecins sans frontières. Créée fin 1971 par un groupe de médecins engagés dans la sale guerre du Biafra, l'association s'est déployée sur deux fronts : le premier, celui des catastrophes naturelles, initié au Nicaragua et au Honduras en 1972 et en 1974 ; le second, celui des conflits et de leurs conséquences humanitaires, initié au Liban en 1976. Depuis lors, MSF est surtout impliqué dans les contextes de conflits. L'organisation comprend 19 sections dont 5 mettent en œuvre des actions sur le terrain (MSF Belgique, Espagne, France, Hollande et Suisse) et dispose d'un bureau international à Bruxelles. Outre une forte exigence professionnelle, MSF a développé une conception de l'humanitaire qui repose sur deux idées majeures : une distance par rapport à l'« humanitaire d'État », et particulièrement lorsqu'un État et son armée sont parties prenantes du conflit, et un devoir de témoignage sur le contexte du conflit, les manquements aux droits de la guerre et les exactions. Ces principes ont pu entraîner des oppositions entre le siège et certaines sections (MSF Belgique à propos des interventions dans la région des Grands Lacs), voire des exclusions (MSF Grèce pendant la crise du Kosovo). La scission qui s'est produite au sein de MSF en 1979 entre la direction de MSF et Bernard Kouchner, considéré comme père fondateur et figure emblématique de l'humanitaire, a donné indirectement naissance à Médecins du Monde. Le conflit portait sur la manière de concevoir et de médiatiser une intervention en mer de Chine pour secourir des *boat people* vietnamiens. Le penchant médiatique de Bernard Kouchner irrite parfois, même ses partenaires les plus anciens. Nous avons vu le rôle déterminant joué par MSF dans l'avancée du droit humanitaire et dans la fixation de limites du droit de propriété intellectuelle sur les médicaments en cas de crise sanitaire sérieuse. MSF a un budget de 85 millions d'euros (2003) et bénéficie de l'appui de plus d'un million de donateurs privés.

Ces grandes OING sont efficaces aussi bien dans leurs actions locales et concrètes que dans les campagnes d'opinion ou dans leurs interventions auprès des gouvernements. Sont-elles pour autant légitimes, représentatives et indépendantes ? Indépendantes et légitimes, très certainement. Représentatives, sans doute beaucoup moins. Ces OING restent des organisations multinationales du Nord du monde. Leurs gouvernances restent attachées à leur région d'origine, voire à leurs pays, même si leurs actions concernent au premier chef les pays du Sud. Le *Global civil society yearbook*, publié par le *Center for global civil society* de l'université de Californie de Los Angeles (UCLA) et la *London school of economics*, contient une carte des sièges des OING (des OING définies d'ailleurs de manière très large). Cette carte ressemble comme une petite sœur à la carte des sièges des entreprises multinationales. Les OING participent à une vision de la mondialisation fondée sur l'existence d'acteurs globaux : entreprises transnationales, villes globales, acteurs sociaux internationaux et, bien sûr, société civile globale.

Deuxième type :
Les mouvements fédératifs d'ONG appartenant à une même famille

Les mouvements fédératifs d'ONG appartenant à une même famille sont également des acteurs collectifs importants de la vie internationale. Nous donnerons en exemple deux d'entre eux, d'obédience catholique : *Caritas Internationalis* et la CIDSE (Coopération internationale pour le développement et la solidarité). *Caritas Internationalis* est la fédération mondiale des mouvements Caritas, représentée en France par le Secours catholique. Ce sont d'abord des associations qui sont actives sur leurs territoires nationaux, où elles sont engagées dans l'action sociale et humanitaire, et qui souhaitent donner à leurs actions de solidarité une dimension internationale. La CIDSE fédère, au niveau européen, les mouvements catholiques créés pour promouvoir la solidarité internationale. C'est le CCFD (Comité catholique contre la faim et pour le développement) qui en est le membre français. Il représente lui-même une trentaine d'organisations catholiques actives dans la solidarité internationale. Toutes les grandes familles religieuses mais aussi bien d'autres familles – mouvements de jeunesse, organisations professionnelles... – constituent de tels acteurs fédératifs. Les acteurs collectifs internationaux de cette catégorie jouent un rôle important dans la vie internationale dans la mesure où ils pèsent très lourd dans chacun de leurs pays d'origine. Cette caractéristique leur permet de développer de concert des campagnes d'opinion publique et des actions en direction des négociateurs internationaux.

Caritas Internationalis et la CIDSE sont de toutes les campagnes et, pour nombre d'entre elles, prennent l'initiative de les organiser. La campagne Jubilé 2000 pour l'annulation des dettes du tiers-monde, dont nous avons parlé, a été lancée par ces deux mouvements. Aujourd'hui – et pour choisir un exemple que nous n'avons pas encore évoqué – le mouvement Caritas est l'un des pivots de la campagne *Publiez ce que vous payez*, lancée en septembre 2002, qui s'adresse aux entreprises multinationales pétrolières, gazières et minières, souvent suspectées de s'entendre avec certaines personnalités locales pour obtenir des passe-droits leur permettant à bon compte d'exploiter des ressources naturelles, de contourner les fiscalités officielles et d'éviter de participer à la lutte contre la pauvreté dans les pays concernés. La campagne, menée en lien avec de nombreuses ONG des pays du Nord, du Sud ou des OING comme l'association anti-corruption *Transparency International*, demande aux autorités gouvernementales et aux parlementaires de s'engager dans la préparation d'un *instrument international juridiquement contraignant* rendant obligatoire la publication des versements effectués dans le cadre de leurs activités d'industries extractives. Cette campagne a eu un écho auprès des parlementaires européens, qui ont amendé le 30 mars 2004 la directive *Obligation de transparence* présentée par la Commission pour encourager les compagnies cotées en bourse à publier leurs versements, un petit pas qui prolonge celui déjà fait par le G8 réuni à Évian en juillet 2003 qui s'était penché sur cette question et avait déclaré vouloir s'engager à « *lutter contre la corruption et améliorer la transparence* ». Ce travail de plaidoyer s'accompagne d'une activité d'observation des pratiques de vingt-cinq grands groupes actifs au Nigeria, en Angola, en Azerbaïdjan, en Indonésie, au Timor et au Venezuela. Le rapport sur la transparence des compagnies, publié en 2005 par *Save the children*, place trois sociétés canadiennes dans les cinq premiers et le groupe Total en 21ᵉ position. Ces grands groupes ne sont pas tous, loin s'en faut, hostiles à cette démarche. Une cinquantaine de multinationales américaines et européennes, pesant ensemble 7 000 milliards d'investissements, ont publié en février 2004 une déclaration : « *Travailler dans un environnement caractérisé par la stabilité, la transparence et le respect des règles de droit est essentiel à la prospérité économique et à la cohésion sociale, ce qui permet aux compagnies dans lesquelles nous investissons de prospérer* ». Le Secours catholique anime la plate-forme française de la campagne et coopère avec quelques plates-formes africaines, dont celle du Congo, où la lutte pour la captation des ressources du pétrole a été la cause d'une guerre interminable et meurtrière.

Ces mouvements fédératifs d'ONG sont anciens et ont l'habitude de se coordonner à l'échelle internationale. Ils sont bien organisés et efficaces. Ils sont aussi légitimes, représentatifs et indépendants dans la mesure où ils marient actions locales et actions internationales, fédèrent des acteurs provenant de toutes les régions du monde, s'appuient sur des institutions nationales identifiées et puissantes, disposent de nombreux membres et s'autofinancent sans avoir recours à des appuis extérieurs importants.

Troisième type :
Les coalitions de fédérations nationales d'ONG.
Les coalitions de fédérations nationales d'ONG sont apparues récemment sur la scène internationale. Ces coalitions, qui ont vocation à s'articuler entre elles au niveau mondial, reposent sur les fédérations nationales d'ONG. Celles-ci rassemblent l'ensemble des ONG d'un même pays. Cette logique fédérative permet de répondre à un certain nombre de questions ou de limites mal traitées par la plupart des autres familles. D'abord, ces coalitions peuvent interagir efficacement aux différentes échelles de l'organisation mondiale. Les fédérations nationales qui les composent peuvent agir auprès des gouvernants de leurs pays. Les confédérations régionales, comme la confédération européenne CONCORD, peuvent dialoguer avec les autorités régionales, en l'occurrence avec les représentants de la Commission européenne. Enfin, et c'est selon la composition des coalitions internationales, leurs représentants peuvent dialoguer avec les responsables des organisations internationales. Elles sont donc appelées à jouer un rôle majeur dans la préparation et le suivi des négociations. Deuxièmement, elles apportent une réponse à la nécessaire et difficile question de l'équilibre entre la diversité, qui

caractérise le monde des ONG, et l'unité, qui est indispensable dès lors que l'on veut agir au niveau international. Sans ignorer cette extrême diversité et, parfois, les contradictions entre leurs membres, ces coalitions doivent proposer des analyses, des positions, des propositions et des revendications communes. Une telle recherche de cohérence est de toute façon nécessaire à la conduite du dialogue que chaque fédération nationale doit établir avec les autorités publiques de son pays. Au passage, disons aussi qu'elles peuvent apporter une cohérence et une consistance politiques aux positions et propositions des ONG : celles-ci ont des priorités qui les amènent à définir des analyses et des positions limitées à quelques domaines, se traduisant souvent par des demandes d'efforts budgétaires, qui, juxtaposées, peuvent être irréalistes, et par des propositions ponctuelles difficiles à insérer dans une vision politique conséquente. Autre intérêt, ces fédérations nationales, comme nous l'avons vu, peuvent jouer un rôle de filtre et éviter, autant qu'il est possible, les impostures autoproclamées de certaines personnes ou de certaines organisations. Les coalitions que constituent ces fédérations nationales disposent d'une assise multinationale et, lorsqu'elles sont assez larges et rapprochent des fédérations de différentes régions du monde, permettent de construire une représentativité immédiatement vérifiable. Nous prendrons assez naturellement l'exemple de Coordination SUD, qui est la fédération des ONG françaises. Elle participe à CONCORD, la coalition des fédérations nationales d'ONG des pays de l'Union européenne. CONCORD, qui associe également quelques grandes familles et grands réseaux européens d'ONG, est l'interlocuteur naturel de la Commission européenne. Coordination SUD participe également au réseau des plates-formes des pays du G7, réseau qui suit la préparation des réunions du G8, ce club des pays les plus riches. Coordination SUD a aussi constitué avec ses homologues ABONG (Brésil), CONGAD (Sénégal) et VANI (Inde) une coalition dans laquelle s'organisent des échanges en vue de la préparation des événements internationaux. Enfin, Coordination SUD entretient des relations avec certaines fédérations africaines.

La coopération établie entre les fédérations d'ONG brésiliennes (ABONG), françaises (Coordination SUD), indiennes (VANI) et sénégalaises (CONGAD) illustre le potentiel que représentent ces coalitions de fédérations nationales. Tout d'abord, et cela n'aura pas échappé, ce groupe est composé de quatre fédérations actives dans leurs pays respectifs et qui appartiennent à quatre continents. La coopération s'est fixé deux objectifs : promouvoir des dynamiques régionales en Amérique latine, en Asie, en Europe et en Afrique et préparer de concert les grands événements de l'agenda diplomatique international. Avec l'aide de la Fondation Ford, chacune des fédérations a pu organiser un séminaire régional ou continental pour, d'une part, préparer un événement international, en l'occurrence la conférence ministérielle de l'OMC de Hong Kong, et d'autre part, réfléchir à la forme à donner à une coopération régionale pérenne. Ainsi, les Africains de l'ouest se sont réunis à Dakar en juin 2005 et envisagent de créer une association des plates-formes nationales d'ONG ouest-africaines ; les Latino-Américains se sont réunis en août à São Paulo en août 2005 et ont décidé de créer un secrétariat et un centre de ressources à Santiago ; les Asiatiques du sud et du sud-est se sont réunis en octobre 2005 à Delhi et ont demandé à la fédération indienne d'animer un groupe de travail en vue de construire une coopération couvrant l'ensemble de l'Asie. Au-delà de cet exercice de construction institutionnelle, le travail commun s'organise autour de la préparation des événements internationaux. Des délégations des quatre fédérations s'y retrouvent et organisent des réunions ou des séminaires.

Les coalitions internationales ne couvrent pas encore l'ensemble des régions du monde, mais elles ont vocation à se multiplier et à s'étendre. Si l'on soumet ces coalitions aux mêmes questions que celles que nous avons adressées aux autres familles d'acteurs collectifs internationaux, il ressort qu'elles peuvent être efficaces, légitimes et représentatives. La réponse donnée à cette dernière question est particulièrement convaincante. La question de l'indépendance est par contre plus délicate dans la mesure où les fédérations d'ONG sont, particulièrement dans le cas des pays du Sud, des actrices pauvres, voire très pauvres. La faiblesse de leurs ressources peut laisser le champ libre aux bailleurs de fonds qui peuvent trouver intérêt à aider, au travers de ces fédérations, les ONG des pays concernés sans se perdre dans le dédale infini des chapelles et qui, à juste titre, peuvent penser qu'elles constituent des relais d'influence utiles pour leur action diplomatique.

Quatrième type :
Les coalitions thématiques internationales
Les coalitions thématiques internationales d'ONG
sont d'une toute autre nature. Il s'agit, autour d'une
question donnée et d'un événement international, de
rassembler le plus grand nombre d'ONG, mais aussi
le plus souvent d'autres acteurs sociaux (syndicats,
associations diverses, mouvements citoyens) ou territoriaux (collectivités territoriales). Ces coalitions, qui
existent dans tous les domaines de la négociation internationale, accompagnent une ou des campagnes d'opinion publique nationales et internationales. Nous
citerons trois exemples : celui de la Coalition internationale pour une cour criminelle (CICC), celui de
Jubilée 2000 et celui de l'Action mondiale contre la
pauvreté (GCAP).

La Coalition internationale pour une cour criminelle
a donné une force citoyenne au refus du scandale de
l'impunité des crimes les plus graves et les plus dévastateurs : les génocides, les crimes de guerre et les crimes
contre l'humanité. Si ce n'est le tribunal de Nurem-
berg, aucune juridiction internationale n'avait été
mise sur pied avant les deux tribunaux internationaux
pour le Rwanda et pour l'ex-Yougoslavie (TPIR et
TPIY). À la fin de la guerre froide, dès 1993, des
ONG lancèrent de Vienne un appel visant à promouvoir la création d'une Cour pénale internationale
(CPI). C'est Trinidad et Tobago qui demanda l'inscrip-
tion de cette question à l'ordre du jour de l'Assemblée
générale des Nations unies de septembre 1994. Dès le
démarrage du processus diplomatique, une coalition
de 800 ONG s'est constituée. Elles seront 2 000 lors
de la signature des statuts de la CPI à Rome en juillet

1998. La CICC s'est d'abord consacrée à l'appui au processus diplomatique et aux démarches auprès des gouvernements. Elle a aussi contribué à populariser l'idée en maintenant un contact permanent avec les médias. En avril 2005, sur les 130 gouvernements qui ont signé le traité, 98 l'ont effectivement ratifié malgré l'opposition de l'administration Bush qui introduit en général dans ses accords bilatéraux une clause exigeant l'interdiction de transfert de citoyens américains vers la CPI. La CPI a engagé deux enquêtes, l'une, sur les crimes commis dans la République démocratique du Congo, l'autre, dans le nord de l'Ouganda. Le premier procès pourrait concerner dès 2006 les crimes commis au nord de l'Ouganda. Enfin, après une longue bataille diplomatique, le Conseil de sécurité a adopté une résolution transférant le traitement des crimes commis au Darfour à la CPI. C'est le premier processus de cette nature engagé par les Nations unies. La CICC, sans laquelle, de l'avis des diplomates eux-mêmes, le processus n'aurait sans doute pas démarré et, *a fortiori*, pas abouti, reste vigilante. Les dix-huit juges, établis à La Haye, sont devant des tâches monumentales qu'ils ne pourront accomplir que si les associations de défense des droits humains et d'actions humanitaires arrivent à repérer les cas et à commencer pour chacun à rassembler les pièces à conviction.

Jubilé 2000, coalition organisée pour demander l'annulation de la dette du tiers-monde à l'occasion de l'an 2000, démontre la force potentielle de ces coalitions thématiques et finalisées sur un objectif. L'idée de donner rendez-vous aux gouvernements en l'an 2000 et de leur proposer de dissoudre le fardeau de la dette qui écrase les pays du tiers-monde vient des milieux catholiques. Mais, dès 1997, la Confédération internationale des syndicats libres rejoint le mouvement qui s'élargit et s'appuie sur des coalitions nationales. Les Africains, à Accra en avril 1998, et les Latino-Américains, à Tegucigalpa en janvier 1999, adhèrent eux aussi à la coalition, mais demandent aux campagnes du Nord de ne pas faire en leur nom des propositions chiffrées. Néanmoins le mot d'ordre « Annulons la dette avant l'an 2000 » est suffisamment général pour embarquer dans la campagne des centaines d'associations. N'empêche que les représentants des pays du Sud créent en juin 1999 Jubilé Sud pour développer leur propre campagne. Les signes d'une très vaste mobilisation se manifestent dans les dernières années du siècle passé : la pétition lancée par Jubilé 2000 est signée par 24 millions de personnes et une chaîne humaine de 50 km entoure le site du G7 (Birmingham, mai 1998).

La campagne a de nombreuses conséquences positives : organisation de mouvements sociaux au niveau national et régional, développement d'une expertise au sein ou en liaison avec ces mouvements, pression sur les gouvernements et les organisations internationales. L'initiative en faveur des pays pauvres très endettés (PPTE), lancée en 1996, se négocie dorénavant sous le regard de ces groupes nationaux et de ces réseaux internationaux. Les chiffres sont mis en cause, les concepts discutés : la notion de viabilité de la dette, qui est centrale dans la discussion entre les institutions financières internationales et les gouvernements du Sud, est revisitée ; la question des dettes odieuses ou illégitimes est posée avec force. Pourquoi en effet un peuple devrait-il rembourser des emprunts empochés et transférés par des dictateurs ou par leur entourage ? Certains faits sont popularisés, par exemple la reconnaissance le 13 juillet 2000 par un tribunal de Buenos Aires du caractère illégitime de la dette argentine et, retournement de situation, la condamnation des créanciers !

La campagne sur la dette provoque des débats collatéraux sur d'autres questions fondamentales comme celles des recettes d'exportation. 60 % des recettes de l'Ouganda viennent du café dont le prix a baissé de plus de 70 % depuis 1997 ! Comment ce pays et tous les autres qui dépendent de la vente de produits de base agricoles pourraient-ils rembourser leurs dettes ? L'initiative PPTE provoque une discussion sur les « Documents de stratégie de réduction de la pauvreté » (DRSP) et sur la pauvreté version Banque mondiale. En France, la Plate-forme Dette et Développement, qui a succédé à Jubilé 2000 France, suit l'élaboration des Contrats dette et développement (CDD) lancés par le gouvernement : les remboursements sont transformés en dons qui vont s'investir dans des politiques sociales. Les ONG françaises et celles du pays concerné s'efforcent de suivre les négociations gouvernementales. La dette reste un sujet majeur de la négociation internationale.

La coalition internationale « Action mondiale contre la pauvreté », lancée fin janvier 2005 à Pôrto Alegre en présence du Président Lula, est le cadre international que se sont données les plates-formes nationales d'ONG, les OING et les grands réseaux d'ONG pour organiser une campagne commune autour du bilan des objectifs du millénaire pour le développement. D'autres acteurs ont rejoint la campagne, notamment des syndicats et des collectivités territoriales. Cette campagne s'appuie sur trois événements majeurs de l'année 2005 : le G8 anglais (Glenneagle, juillet 2005), le Sommet des chefs d'État sur le bilan des OMD au tiers de leur parcours (New York, septembre 2005) et la conférence ministérielle de l'OMC (Hong Kong, décembre 2005). La campagne est la somme de multiples événements nationaux et de quelques événements internationaux, principalement les deux journée du 1er juillet et du 12 septembre 2005, dite journée du bandeau blanc. Au Royaume-Uni, qui joue un rôle moteur, la campagne *Make poverty history* bat son plein au printemps 2005 et fait écho aux efforts du gouvernement anglais pour donner une dimension particulière au G8. La campagne française *2005, plus d'excuses !* multiplie les événements, centrés notamment sur les différents volets du financement du développement (aide publique au développement, annulation de dettes, lancement de taxes internationales, lutte contre les paradis fiscaux, remontée des prix des produits de base agricoles).

Ces regroupements sont efficaces dans la mesure où ils mobilisent toutes les organisations qui se sentent concernées et compétentes pour un thème donné. Chacune apporte son expertise et son réseau militant et contribue, le moment venu, à une mobilisation générale. La force de ces coalitions est dans leur caractère diffus et largement décentralisé, ce peut être aussi leur faiblesse si elles n'arrivent pas à se doter d'une organisation collective et d'une gouvernance reconnue, ramassée et efficace. Les acteurs collectifs internationaux de ce type sont légitimes dans la mesure où ils intègrent de nombreuses ONG confrontées aux conséquences concrètes des décisions prises par les gouvernements et où ils sont en position de mobiliser des réseaux d'experts. Ils peuvent être représentatifs si la mobilisation est générale et la gouvernance équilibrée entre représentants du Nord et du Sud. Enfin, ces coalitions doivent veiller à leur indépendance et trouver leurs financements en leur sein sur une base équitable, chacun contribuant selon ses capacités.

Cinquième type :
Les réseaux internationaux de personnalités.
Les réseaux internationaux de personnalités constituent une cinquième famille. Ils réunissent des personnes qui par leurs statuts actuels ou anciens peuvent être considérées comme des personnes influentes et, souvent, médiatiques. Anciens responsables politiques, anciens hauts fonctionnaires internationaux, anciens responsables d'OING, le cas échéant artistes, sportifs ou vedettes de la télévision... ces personnes constituent une sorte de *Jet set* de la solidarité internationale. Elles se partagent fin janvier entre le Forum économique mondial et le Forum social mondial, entre Davos et Pôrto Alegre. Certains réseaux, comme CIVICUS, jouent un rôle positif dans la vie internationale, particulièrement dans les relations avec la haute hiérarchie des organisations internationales. D'autres réseaux sont surtout efficaces lorsqu'ils défendent des causes médiatiques ou appuient des campagnes de *fund raising* liées à de grands drames humanitaires. On se souvient de l'ini-

tiative prise par Bob Geldoff, une *rock star* irlandaise, lors de la grande sécheresse qui a frappé l'Éthiopie en 1985. L'Éthiopie, déjà percluse de conflits avec ses marges érythréenne, somalienne, tigréenne, oromo, et les Éthiopiens, encore soumis à un régime militaire de fer, ont été victimes au début de la décennie 1980 de plusieurs années de sécheresse, provoquant un exode massif des campagnes sinistrées vers des camps de déplacés. Le drame a été dénoncé devant l'opinion publique par un reportage de la BBC, relayé par la plupart des médias du monde. Bob Geldoff a alors mobilisé les plus grands musiciens contemporains et organisé le 13 juillet 1985 un double concert aux stades de Wembley et de Philadelphie diffusé en mondovision. Au-delà du mouvement d'opinion ainsi créé, au-delà de la collecte de ressources pour financer le travail des organisations humanitaires, Bob Geldoff a interpellé les gouvernements accusés de non-assistance à peuples en danger. Vingt plus tard, Bob Geldoff, nommé par Tony Blair dans la *Commission for Africa*, qui a préparé le G8 de Glenneagle (juillet 2005), continue d'interpeller les gouvernants et l'opinion publique. Avec son compère Bono, leader du célèbre groupe U2, Bob Geldoff a organisé, le 2 juillet 2005, toujours en mondovision, le « *Live 8* », une série de huit concerts géants pour éveiller les consciences sur la triste situation humanitaire de l'Afrique.

Ces réseaux internationaux de personnalités ne sont guère légitimes et sont peu représentatifs, mais là n'est pas la question. Ils sont en sympathie avec l'opinion publique. Depuis vingt ans et dans le monde entier, les jeunes et aujourd'hui les moins jeunes fredonnent la chanson emblématique du *Live Aid* : « *We are the world, we are the children...* ».

Les ONG et la gouvernance mondiale

En présentant cette typologie simplifiée des acteurs collectifs de la solidarité internationale, notre but n'était pas de distribuer des bons ou des mauvais points, ni de désigner la famille qui seule mériterait de représenter le monde associatif dans la vie internationale. Nous nous sommes efforcés de mettre en valeur les qualités et les limites de chacune des familles, d'introduire une réflexion sur leur complémentarité et, donc, sur une possible division du travail entre les différentes familles d'acteurs collectifs internationaux. À vrai dire, chaque famille a un rôle à jouer dans la solidarité internationale.

Disons, pour faire simple et sans qu'il y ait exclusivité des tâches, que les coalitions de fédérations nationales d'ONG et les mouvements fédératifs d'ONG appartenant à une même famille sont précieuses par leur enracinement national et leur capacité à porter au niveau international des analyses, positions et propositions qui ont une large assise géographique, que les OING ont une « puissance de feu » incomparable et une capacité à mobiliser une expertise de niveau international, que les réseaux internationaux de personnalités ont une capacité d'influence médiatique et politique importante et, enfin, que les coalitions thématiques internationales permettent une large mobilisation d'acteurs divers engagés dans un combat spécifique. L'ensemble de ces acteurs internationaux constitue une nébuleuse qui peut peser dans le débat public international et introduire dans la négociation des propositions plus audacieuses que celles qui se négocient à huis clos entre gouvernements.

Mais une question plus compliquée se pose aujourd'hui aux ONG, celle de leur participation à des instances formelles de gouvernance au niveau mondial. Dans le difficile dossier de la réforme de l'Organisation des Nations unies, la formalisation d'un dialogue construit entre les organisations de la société civile et les instances intergouvernementales est l'un des casse-tête des réformateurs onusiens au même titre que la nécessaire recomposition du Conseil de sécurité, l'affirmation d'un état de droit international et la mise en cohérence des droits civils, économiques, sociaux, environnementaux et culturels, l'articulation avec les institutions en charge de l'économie, de la finance et du commerce, la coordination des institutions intergouvernementales concernées par la gestion de l'environnement global et bien d'autres sujets qui méritent d'être revisités. La réforme de l'ONU n'est pas pour demain. Elle devait être abordée par les chefs d'État réunis à New York en septembre 2005. Elle ne l'a pas été tant les positions sont contradictoires et les intérêts pesants. Il est vrai que la SDN et l'ONU, les deux organisations des nations mandatées pour faire régner un ordre mondial fondé sur le droit, sont nées de deux guerres mondiales. On en vient à se demander si une rénovation en profondeur de l'ONU est possible sans un bouleversement majeur des équilibres mondiaux ! Le risque d'une marginalisation de l'ONU, par exemple sous les coups de boutoir de la puissance hégémonique et de sa préférence pour un unilatéralisme institutionnalisé, est aujourd'hui plus plausible que sa rénovation. La marginalisation de la

SDN dans les années 1930 peut alimenter une méditation sur ce thème. Quoi qu'il en soit, le secrétaire général des Nations unies, Koffi Anan a demandé à plusieurs comités et personnalités de lui faire des propositions, à commencer par le groupe réuni autour de Fernando Henrique Cardoso, ancien président du Brésil. Ces réflexions buttent toutes sur la même question, celle de la désignation des porte-parole non gouvernementaux et de la représentativité que pourrait avoir une instance composée de représentants du monde des ONG. À vrai dire, la réponse à cette question majeure appartient aux ONG elles-mêmes. Elle est extrêmement délicate.

Comment les ONG peuvent-elles s'organiser au niveau international sans contredire les principes qui les fondent? Le droit d'association entraîne l'extrême diversité du monde associatif et l'instabilité des instances collectives puisqu'à tout moment de nouvelles ONG peuvent être créées, au besoin et en arrière-main par des puissances politiques, économiques ou religieuses. L'indépendance des assemblées générales et des conseils d'administration des différentes associations et le nombre considérable des associations de solidarité internationales supposent, si l'on veut créer des fédérations ou des acteurs collectifs, des processus démocratiques longs. Ceux-ci sont si complexes que beaucoup d'ONG et d'observateurs considèrent que l'idée de construire un acteur collectif international représentatif est une dangereuse chimère.

Reprenons les différentes familles d'ACI que nous avons identifiées et décrites précédemment. Deux d'entre elles n'ont pas vocation à représenter le monde des ONG: les coalitions thématiques internationales et les réseaux internationaux de personnalités. Restent trois familles en course : les OING, les coalitions de fédérations nationales et les fédérations internationales d'ONG d'une même famille.

La première question est de définir avec précision chacune de ces familles et de s'entendre sur cette définition : qu'est-ce qu'une OING ? Quelles caractéristiques doit avoir une fédération, une plate-forme ou une coordination nationale d'ONG ? Quels critères peuvent permettre d'identifier les fédérations internationales d'ONG d'une même famille ? Il convient de laisser aux organisations intéressées le soin de s'accorder sur les réponses à ces questions.

La deuxième question est celle de la nature des instances susceptibles de réunir les représentants de ces trois familles. Ces instances peuvent être paritaires entre ONG et représentants gouvernementaux ou des instances purement non gouvernementales mandatées par les ONG pour interagir et négocier avec les autorités intergouvernementales. Mais cela ne change pas la question à résoudre, celle de la désignation des représentants des ONG. À ce stade, le plus important est de déterminer le nombre des représentants appelés à siéger pour chacun des trois collèges.

Reste une troisième question : peut-on, pour chacune de ces trois familles d'ACI, imaginer des procédures démocratiques de désignation de leurs représentants ? Les OING et les fédérations internationales existent et sont déjà de nature internationale. Il suffit donc de les identifier en fonction des critères préalablement définis et de leur demander de désigner ceux qui représenteront les membres de la famille, qui porteront des positions préalablement discutées et qui leur rendront des comptes. Les fédérations nationales existent dans beaucoup de pays, même si elles ne sont pas partout aussi démocratiques qu'il serait souhaitable. Elles constituent dans certaines régions des coalitions régionales, mais ce processus de regroupement provoqué par des dynamiques régionales de coopération n'est pas partout abouti. Il est accompli en Europe et se manifeste par l'existence de CONCORD. Il est engagé en Amérique latine, en Asie du sud et du sud-est et en Afrique de l'ouest. Il est donc important de soutenir ce mouvement *bottom/up* de regroupement. Son achèvement règlera pour cette famille la question de la désignation de ses porte-parole régionaux et internationaux.

La représentativité n'est donc pas un sous-produit de l'action des organisations, elle est un guide dans la construction institutionnelle des acteurs collectifs internationaux. C'est une tâche lourde et incertaine, qui, répétons-le, peut être considérée par certains, et avec de bonnes raisons, comme inutile, dangereuse et marginale eu égard aux tâches jugées prioritaires que s'assignent la plupart des ONG. Le pouvoir des ONG se trouve-t-il dans des participations à des instances formelles ? Ne risque-t-on pas de créer une usine à gaz et de légitimer des *apparatchiks* apatrides ? Une formalisation du dialogue au niveau international ne constitue-t-elle pas un danger d'instrumentalisation des ONG par des acteurs autrement plus puissants et riches ? Ces questions sont réelles, mais, quoi qu'il en soit, le dialogue et les interactions existent entre les ONG et les acteurs gouvernementaux. Ils sont informels et sont monopolisés par des ONG puissantes, le plus souvent originaires du Nord du monde. Même si, à ce stade, une formalisation trop rigide paraît hasardeuse, il est important que les ONG se posent sérieusement la question de la représentativité de leurs innombrables porte-parole et sachent qu'une participation formelle à la gouvernance mondiale est tout à fait envisageable. Il est donc nécessaire de s'y préparer.

Chapitre VI

Fondements d'une diplomatie non gouvernementale

Les acteurs internationaux non gouvernementaux ayant été mis en scène au chapitre précédent, il est temps dans ce dernier chapitre de présenter la manière dont ceux-ci participent au débat public international et interagissent avec les autorités gouvernementales en charge de conduire les négociations internationales. Cette participation et cette interaction reposent sur des pratiques éprouvées que l'on peut comparer et analyser pour en tirer des guides, voire des règles d'action. Partant de ce regard, de ces comparaisons et de cette analyse, nous pensons pouvoir esquisser ce que nous appelons une « diplomatie non gouvernementale ». Le mot lui-même est audacieux dans la mesure où nous touchons là à un domaine régalien d'où les acteurs privés sont traditionnellement écartés. Pour éviter les incompréhensions, rappelons au début de ce chapitre, et une fois encore, que pour nous la diplomatie non gouvernementale n'est pas et ne doit pas être comprise comme une diplomatie parallèle, mais comme une composante d'une « diplomatie participative ». Elle se définit par son objectif et par des actions en direction de publics divers. L'objectif de la diplomatie non gouvernementale, celle, du moins, qui est promue par les ONG, est unique, mais il est de taille : contribuer à la construction d'un monde de solidarité. Il y a, bien sûr, débat dès que l'on veut préciser ce qui doit être placé sous cette large ombrelle. Ce débat nous avons voulu l'éclairer dans les premiers chapitres de ce livre pour dire quels sont les grains que la diplomatie non gouvernementale doit moudre et éviter qu'elle ne soit perçue comme un moulin à prières ! Trois publics intéressent particulièrement la diplomatie non gouvernementale : les réseaux militants de la solidarité internationale, l'opinion publique (et les médias) et les négociateurs gouvernementaux.

La mobilisation des militants

La famille des militants de la solidarité internationale est nombreuse et extrêmement variée. Elle se compose d'une pléiade d'associations. Celles-ci agissent, en général, dans deux directions, d'une part, vers leurs partenaires des pays du Sud, de l'autre, vers les sociétés civiles des pays du Nord. Il faut, en effet, à la fois agir contre les manifestations du sous-développement, là où celui-ci se manifeste concrètement, mais aussi s'efforcer de faire évoluer les règles des jeux mondiaux qui distribuent inéquitablement aux peuples les chances de gagner ou de perdre la bataille de la démocratie et du développement durable. Agir localement, dans la pratique des ONG, cela se fait par la construction de partenariats. Agir globalement, cela nécessite de donner aux idées des ONG une large base populaire, c'est-à-dire d'en faire des idées politiques. Si les ONG peuvent agir localement sans avoir de racines très profondes dans leurs sociétés d'origine, il en va différemment pour l'action internationale : le plus large portage des idées, analyses, propositions ou revendications est requis.

De fait, la société française est quadrillée de réseaux associatifs et militants. Ces réseaux se sont tissés selon différents critères : géographiques, religieux, professionnels, émotionnels... Parce que l'on est Breton, catholique et agriculteur, parce que son voisin ou son gendre est un immigré ou son oncle un missionnaire, parce que l'on a fait son service en coopération dans un pays lointain ou que l'on a été bouleversé par une émission de télévision ou pour mille autres raisons, on crée avec quelques amis une association ou, plus souvent, on adhère à une association existante. On dénombre en France plus de 10 000 groupes locaux actifs dans le domaine de la solidarité internationale.

Les donateurs constituent un public différent. Il ne leur est pas demandé d'être des militants mais de soutenir l'action des ONG, même si, à l'occasion, ils pourront venir rejoindre la famille des militants. Les grandes associations humanitaires ont des fichiers comptant plusieurs millions de noms de donateurs réguliers, occasionnels ou seulement potentiels.

Le rôle des militants est à la fois d'entretenir une vie démocratique dans les associations, et, pour ce faire, ils doivent multiplier les activités communes – par exemple des activités d'accueil des étrangers amenés à séjourner dans leurs régions – et de créer une communication de proximité, au travers de réseaux municipaux ou de réseaux associatifs, syndicaux, politiques, religieux, scolaires... Cette communication de proximité est importante pour populariser les objectifs et les pratiques de la solidarité internationale. Il reviendra à l'association mère de faciliter l'exercice concret de cette solidarité internationale en diffusant des informations, voire en produisant des produits de communication, et en soutenant les initiatives décentralisées des militants : parrainages de projets, jumelages de quartiers ou de paroisses, organisations de formation. En France, les associations à fort enracinement local, comme le CCFD, pratiquent ces différentes actions. *Faim et développement*, le journal du CCFD est tiré à 40 000 exemplaires. Le CRID, qui est un regroupement d'une quarantaine d'ONG nationales militantes, anime un réseau de collectifs régionaux d'associations locales et développe aussi des activités à la fois nationales et décentralisées, comme son université d'été ou la semaine de la solidarité internationale. Ces rendez-vous sont appréciés par les militants, qui y trouvent des occasions de rencontres et d'échanges entre eux, mais aussi avec les responsables nationaux de leurs mouvements et avec certains de leurs partenaires des pays du Sud.

Un degré au-dessus, le voyage de Pôrto Alegre et la participation au Forum social mondial jouent le rôle d'un pèlerinage de Chartres laïc où se retrouvent de nombreux représentants de cette grande famille de la solidarité internationale. Les politiciens, et parfois les journalistes, comprennent souvent mal l'intérêt de

faire perdurer un forum aussi volumineux si les altermondialistes ne capitalisent pas la dynamique créée
dans la construction d'un mouvement structuré et
parapolitique. Les militants de la solidarité internationale, dont la plupart auraient du mal à entrer dans le
périmètre d'un éventuel nouveau parti politique et qui
sont souvent par ailleurs déjà des militants politiques,
voient dans le Forum social mondial une grande
réunion de famille. Ils participent à des séminaires,
rencontrent des partenaires, des journalistes ou des
spécialistes des sujets qui les intéressent. De plus, ils
rechargent leurs batteries. De retour dans leurs associations locales, ils transmettent l'ambiance et les
messages et se préparent à participer à la fois aux
actions locales et aux campagnes d'opinion nationales
et internationales. C'est au Forum social européen de
Florence (octobre 2002) et au Forum social mondial de
Pôrto Alegre (janvier 2003) que la manifestation du 15
février 2003 contre le déclenchement de la guerre
d'Irak par le Président Bush, qui a mis près de 15
millions de citoyens dans les rues de toutes les
grandes villes du monde, a été décidée. Les militants
de la solidarité internationale ont participé à ces manifestations car ils savent bien que la volonté de créer un
climat et un monde de guerre est le très exact opposé
du monde de solidarité à la construction duquel ils
souhaitent participer. Bien sûr, les grands leaders et
les pionniers du FSM, ceux qui ont lancé l'idée au
printemps 2000 d'organiser face au Forum économique mondial de Davos un Forum social mondial et
en ont organisé la première édition à Pôrto Alegre en
janvier 2001, se retrouvent à son Comité international
et réfléchissent à une évolution de la formule, comme

en témoigne sa migration vers Mumbaï en janvier 2004, son retour à Pôrto Alegre en 2005 et, de nouveau, son départ en 2006 vers trois capitales (Bamako, Caracas, Karachi) avant de tenter une expérience africaine en 2007 au Kenya. Ils s'efforcent de résoudre le casse-tête qui consiste à concilier les innombrables initiatives qui peuvent naître de chacune des cent mille personnes qui sont rassemblées et l'expression de l'unité d'une manifestation, qui sert de colonne vertébrale à la nébuleuse altermondialiste. Les ONG ont sans doute été la famille qui a le plus bénéficié du FSM. Elles ont appris à tirer parti de la diversité des participants et de la décentralisation des initiatives, mais aussi à se regrouper lors de quelques grands événements ou d'actions communes internationales. Parmi les nombreux partenaires de ce processus bourgeonnant, trois acteurs méritent d'être distingués.

Le comité brésilien des fondateurs et des organisateurs comprend huit organisations fort différentes mais symboliques de ce qu'allait devenir le FSM : deux grands syndicats – la Centrale unique des travailleurs (CUT) et le Mouvement des sans terre (MST) –, un mouvement d'église – Justice et Paix –, la Fédération brésilienne des ONG (ABONG), la branche brésilienne du mouvement ATTAC et trois ONG d'envergure nationale (IBASE, CBJP et CIVES). Ce comité a porté l'organisation des quatre forums 2001, 2002, 2003 et 2005. Si les organisations géantes, comme la CUT ou le MST, pèsent lourd dans l'orientation du FSM, des leaders d'organisations plus modestes comme Chico Whitaker (justice et paix) ou Candido Gribowski (IBASE) jouent un rôle de porte-parole. Il est incontestable que le caractère brésilien du FSM et le cadre de

Pôrto Alegre sont pour beaucoup dans le succès immédiat de cette initiative.

Nous avons déjà évoqué le mouvement ATTAC à plusieurs occasions. Il est bon de le mentionner de nouveau car c'est dans les bureaux du *Monde diplomatique*, membre fondateur et inspirateur du mouvement ATTAC, que l'idée a germé et grâce au « Diplo » qu'elle a été popularisée. ATTAC a nourri le forum de son approche des grandes questions politiques, économiques et sociales. Des mouvements ATTAC se sont développés dans cinquante pays. Ce réseau constitue l'une des matrices majeures du FSM.

La Fondation Charles Léopold Mayer (CLM) s'est également beaucoup investie. Elle a largement participé aux débats prenant l'initiative de nombreux séminaires, notamment dans le domaine agricole, dans celui de l'économie solidaire et sur les questions de gouvernance. La Fondation CLM a aussi permis à de nombreux leaders des continents du Sud de faire le voyage de Pôrto Alegre et a contribué à donner un visage plus international au FSM. Au-delà du FSM, la Fondation CLM a beaucoup contribué à faire progresser l'idée même de diplomatie non gouvernementale.

La bataille de l'opinion publique

Les militants, par leurs actions de communication de proximité, contribuent à la popularisation des idées sur lesquelles repose la construction d'un monde de solidarité, un « autre monde possible » comme le proclament les altermondialistes du Forum social mondial. Mais, il faut reconnaître qu'il y a une certaine distance entre le monde des militants, qui se fonde sur des valeurs, et l'opinion publique, sensible à la fois aux problèmes de la vie quotidienne et à des préoccupations mouvantes, particulièrement celles que les télévisions présentent. Dans certaines périodes de grande émotion nationale ou internationale, ces deux mondes se rejoignent parfois au-delà des frontières et des barrières géographiques et linguistiques. Mais, ces périodes sont courtes et espacées.

Le mouvement d'opinion provoqué par le tsunami qui a frappé les pays d'Asie du Sud est de ce point de vue exemplaire. Les images, les témoignages, la présence de nombreux touristes européens, le caractère imprévisible, l'absence de responsabilité humaine, mais aussi l'héroïsme des sauveteurs, la générosité des premiers donateurs, la mobilisation des personnalités en vue... le tout accommodé par les spécialistes de la communication et par les télévisions ont provoqué un deuxième raz-de-marée de l'opinion publique. Le mouvement de générosité a surpris les gouvernements et les ONG, qui sont toutes les semaines face à des tsunamis anonymes qui frappent les pauvres et les exclus des campagnes et des périphéries urbaines sans réussir à faire entendre la douleur des victimes. Mais, qu'un autre scandale, une autre émotion, se présente devant les caméras et le mouvement repart de plus belle dans une autre direction : l'appartement excessif d'un ministre, la progression d'un club de foot dans la *champions league*, une affaire de mœurs...

Dans le domaine humanitaire lui-même, tous les drames n'ont pas la même force médiatique. La crise alimentaire du Niger que les ONG ont vu venir dès l'automne 2004 et qui a éclaté au cœur de l'été 2005 n'a provoqué qu'un tardif élan de générosité. Il est vrai

que, dans ce pays et dans tous les pays sahéliens de
l'Atlantique à l'Océan indien, la dégradation progressive du milieu plonge les Sahéliens dans une pauvreté
structurelle qui parfois franchit le seuil du médiati-
sable, mais qui appelle d'autres réponses, plus
complexes à expliquer, que la seule action humanitaire d'urgence. Le terrible tremblement de terre qui
a frappé le Cachemire pakistanais n'a pas eu non plus
une répercussion à la mesure du drame qu'il a
provoqué. Outre les 70 000 victimes, ce sont près de
trois millions de personnes qui sont profondément
sinistrées et prisonnières de la montagne himalayenne
et des rigueurs de son hiver. Malheureusement, le
Pakistan n'est pas un pays qui déclenche une sympathie immédiate, peu de liens historiques, culturels ou
religieux peuvent être mis en avant pour rapprocher
les téléspectateurs des victimes.

Les ONG peuvent parfois bénéficier de ces mouvements d'opinion, mais, travaillant dans la durée avec
des partenaires qui affrontent tous les jours les manifestations du sous-développement et s'enfoncent dans
la pauvreté, elles souhaitent, au-delà de l'émotion
audiovisuelle, faire partager des analyses et une conscience de l'inacceptable. Mais dès lors, nous sortons du
monde de la communication et entrons dans une
approche qui est, disons-le, politique.

Entre les ONG et l'opinion publique, les journalistes
sont les véritables médiateurs. Et, dans l'ordre d'importance, ceux de la télévision, de la radio, de la presse
généraliste, enfin, ceux de la presse spécialisée. Nous
aurions une hiérarchie strictement inverse si nous nous
interrogions sur la possibilité d'approfondir les sujets
d'information. Les journalistes, en règle très générale,

suivent l'agenda des grands rendez-vous diplomatiques : conférences des Nations unies, conférences ministérielles de l'OMC, réunion du G8, assemblées annuelles du FMI et de la Banque mondiale, forums sociaux mondiaux. Ils couvrent également les événements internationaux : conflits militaires, guerres civiles, grandes catastrophes... C'est donc à l'occasion de ces moments d'attention qu'il faut envisager les relations avec les médias. Les journalistes, envoyés sur place pour suivre les grands événements internationaux, sont souvent baignés dans une communication, pour ne pas dire une propagande, gouvernementale et institutionnelle. Ils cherchent à la fois une contre-information et, surtout, un accès à d'autres sources, si possible, les plus directes et concrètes possibles. Ils ne cherchent pas d'autres médiateurs, en l'occurrence associatifs et non gouvernementaux, mais des porte-parole représentatifs du monde des ONG ou, surtout, des paroles d'acteurs qui vivent quotidiennement les problèmes autour desquels s'affairent les diplomates ou s'acharnent les événements. Ils cherchent à rencontrer des paysans qui leur parlent des prix agricoles, des réfugiés qui leur racontent leurs odyssées et leurs visions des conflits ou des victimes qui témoignent de la manière dont ils ont vécu une catastrophe. Ces paroles d'acteurs sont précieuses pour eux dans la mesure où elles peuvent leur permettre de transpercer la croûte épaisse des propagandes et autres actions de communication institutionnelle. Les ONG doivent alors s'effacer pour fournir aux journalistes des accès directs aux réalités et aux acteurs.

Les ONG organisent aussi des campagnes visant à informer l'opinion publique. Celles-ci doivent être peu nombreuses et aussi larges que possible. La multiplication des campagnes, des semaines ou des journées thématiques, destinées chacune au grand public, nuit à l'efficacité. La grande campagne internationale « Action mondiale contre la pauvreté », calée sur l'agenda diplomatique, en l'occurrence à la fois sur la réunion du G8 (juillet 2005, Écosse), sur la conférence des chefs d'État, consacrée au bilan des OMD et à la réforme de l'ONU (septembre 2005, New York), ainsi que sur la conférence ministérielle de l'OMC, qui aurait dû clore le cycle de Doha (décembre 2005, Hong Kong), sert d'axe commun à la plupart des actions d'information des ONG au cours de l'année 2005. Cette campagne cherche à se construire comme l'articulation de campagnes nationales, grâce à la définition d'un calendrier partagé et de thématiques communes. Cette évolution correspond peut-être à un rééquilibrage entre la puissance des grandes OING et la légitimité des fédérations nationales ou des mouvements nationaux d'ONG. Elle traduit une bonne compréhension de la notion de subsidiarité. Celle-ci sera convaincante quand les mouvements nationaux des pays les plus pauvres pourront y participer et, pour ce faire, bénéficier de l'appui de partenaires plus riches.

La « bataille de l'opinion publique » est de la plus haute importance diplomatique. Comme le disait un diplomate au terme d'une négociation infructueuse pour son pays : « une négociation se gagne d'abord dans l'opinion publique, avant de se conclure entre diplomates autour de la table de négociation ». Cette bataille est donc devenue essentielle dans une stratégie diplomatique et ce ne sont pas les communicateurs gouvernementaux qui pourront la gagner. Par les temps qui courent, la diplomatie porte une attention majeure aux ONG, aux plus habiles et aux plus puissantes d'entre elles et à leurs fédérations. C'est pour les ONG une bonne nouvelle, mais il faut, bien évidemment, gérer cette sollicitude bienveillante avec une certaine circonspection ou plus exactement bien identifier les terrains d'entente et de synergie et les sujets de désaccord.

L'interaction avec les négociateurs gouvernementaux

Avant d'analyser les conditions d'exercice de ce pouvoir d'influence, il est essentiel de s'arrêter sur la recevabilité des analyses, positions, propositions ou revendications véhiculées par les ONG, et particulièrement par ceux que nous avons appelés les « acteurs collectifs internationaux de la solidarité internationale ». Il est très insuffisant de n'avoir pour viatique que des propositions moralisantes et budgétivores à soumettre aux négociateurs. Les positions et propositions doivent être métabolisables par les appareils diplomatiques : rien ne sert de lancer d'utopiques idées dans les processus de négociation, mais il est tout aussi inutile de n'envoyer aux négociateurs que des idées qui pavent naturellement les processus diplomatiques et qui sont appropriables par le premier diplomate venu. Les ONG n'ont pas à faire le travail de ce premier venu.

Eu égard à ce qu'est la logique politicienne, c'est-à-dire électorale, qui détermine ceux des hommes ou celles des femmes politiques qui sont appelés à exercer le pouvoir et ceux ou celles qui sont condamnés pour une mandature à être des opposants, les propositions des ONG ne sont recevables par les décideurs que si elles peuvent être soutenues par une large part de l'électorat. Sauf exception, elles ne sont acceptables que si au moins 30 % des électeurs sont prêts à les soutenir. Disons que la tâche des ONG est d'œuvrer pour que leurs propositions atteignent une audience électorale de 30 % et de convaincre les responsables politiques de prendre le relais pour leur faire passer la barre des 50 %, pourcentage à partir duquel un passage à l'acte devient électoralement payant ! Il y a bien sûr beaucoup d'exceptions – la question de l'abolition de la peine de mort en 1981, par exemple, qui n'était guère populaire dans l'électorat français lorsque les décideurs politiques s'en sont emparés –, mais la règle est bien celle-ci. Cette règle incite les ONG à donner une juste importance à l'*éducation à la solidarité internationale*, qui dans un pays comme la France qui a des réflexes cartiéristes, – « La Corrèze avant le Zambèze », phrase célèbre de Raymond Cartier, journaliste dans les années 1960 – ne va pas toujours de soi. La solidarité internationale, particulièrement lorsque celle-ci amène à contredire des intérêts particuliers puissants, ne peut pas se manier sans délicatesse.

Une autre remarque s'impose sur ce qui est parfois une incompréhension entre ONG et responsables politiques : le caractère budgétivore de la plupart des propositions des ONG. Avant de savoir comment dépenser l'argent public, un gouvernement doit se préoccuper de recueillir des recettes publiques. Il y a toujours un arbitrage entre différentes dépenses publiques. C'est pour cette raison que les ONG doivent toujours s'efforcer de mobiliser des fonds privés et d'imaginer de nouveaux mécanismes de financement public extrabudgétaire, comme c'est le cas des taxes internationales. C'est enfin pour cette raison qu'elles doivent dépasser les approches sociales et caritatives et accorder une importance majeure aux questions qui permettent à leurs partenaires de trouver une place à part entière dans l'économie.

Les ONG veulent créer un monde de solidarité et elles cherchent à poser les pierres qui vont construire progressivement le chemin qui pourra y conduire. Pour la direction, il faut une boussole. Celle-ci doit être orientée vers un nord éthique, la lointaine perspective de solidarité mondiale. Cette boussole n'est ni celle des diplomates, ni celle des militaires ni celle des entreprises multinationales. Elle n'est pas celle de la mondialisation néolibérale. Pour les pierres, il faut une lecture politique qui permette de les calibrer et de les poser sur le chemin de la négociation dans la direction indiquée par la boussole. À vrai dire une double lecture politique est nécessaire, car, d'une part, les propositions doivent être métabolisables par la diplomatie gouvernementale, mais avoir quand même assez de consistance pour ne pas en sortir vidées de leur sens, et, d'autre part, elles doivent trouver des alliés assez forts pour espérer s'imposer. Alliance, voilà un maître mot de toute diplomatie : les acteurs collectifs internationaux doivent construire leurs alliances au cas par cas avec des forces complices, y compris gouvernementales, et pour cela définir d'abord une stratégie qui suppose une vision et des engagements à horizon lointain.

Quels peuvent-être les alliances dans la diplomatie non gouvernementale ? Comment les conclure ?
Il faut d'abord mettre sur la table des positions et des propositions, tout en précisant que celles-ci sont négo-

ciables. Commencent alors des tours de tables dont les rayons s'élargissent progressivement. Il faut d'abord essayer de faire le plein d'acteurs collectifs internationaux non gouvernementaux, puis, s'intéresser aux autres acteurs sociaux – syndicats, milieux associatifs et autres mouvements citoyens – et approcher les collectivités territoriales, qui ont crée en juin 2004 une internationale unique, « Cités et gouvernements locaux unis », la CGLU. Selon les négociations et les sujets en discussion, certains gouvernements pourront se montrer favorables aux avancées proposées. S'agissant de développement, les ONG pourront trouver sur leur route des PMA, parfois la rencontre se fera avec des diplomates de pays européens, voire avec des représentants de l'Union européenne elle-même. Nous pourrions reprendre ici certains des processus que nous avons présentés dans les précédents chapitres : l'interdiction des mines anti-personnelles ou l'initiative coton, par exemple. Au terme du cycle de Doha, la négociation commerciale s'active, les alliances se tissent, des camps se constituent. La plupart des ONG, comme la majorité des syndicats, ont choisi leur camp, celui d'une régulation des échanges. Dans le champ gouvernemental, des alliances anciennes existent, mais des intérêts nouveaux apparaissent qui peuvent perturber les équilibres diplomatiques. Les pays ACP, qui risquent de perdre les *régimes de préférences* qu'ils avaient négociés avec l'Union européenne, vont-ils sortir du rang ? Les PMA, qui n'ont rien à gagner à voir se durcir la compétition commerciale internationale, vont-ils se manifester ? Ils ont toujours sous le coude la question du coton portée par quatre pays sahéliens ou celle du prix des matières premières agricoles, lancée par six pays africains tropicaux. Les ONG sont attentives à ces groupes de pays qui peuvent déclencher des charges explosives contre le camp des libre-échangistes.

Les interactions entre ONG et autorités gouvernementales doivent suivre les maillons de la chaîne diplomatique et les étapes des processus de négociation. Il n'existe pas de personnes morales supranationales. Au-dessus des États, n'existent que des organisations intergouvernementales, qui reçoivent leurs mandats, leurs compétences et leurs budgets des gouvernements nationaux. La chaîne diplomatique a au minimum deux maillons, l'un national et l'autre international. Dans le cas européen, elle peut s'allonger car, dans certaines négociations, l'Union européenne négocie au nom des vingt-cinq pays qui la composent aujourd'hui. Mais, pour la plupart des pays et des négociations, des « groupes de négociation » sont constitués pour réaliser les premières synthèses, définir des positions communes et désigner des porte-parole. Les interactions devront donc s'initier au niveau national avec chaque gouvernement, au niveau européen pour les ONG européennes, le cas échéant, au niveau des « groupes de négociation », enfin au niveau international. C'est dire que les ONG doivent s'organiser à ces trois ou quatre niveaux, construire autant de plates-formes et de positions et désigner leurs porte-parole. La construction des institutions, c'est-à-dire des acteurs collectifs internationaux, et la définition des positions doivent aller de pair.

Quinze ans de diplomatie non gouvernementale : quel bilan ?

LES ONG SONT INCAPABLES DE DIRE, au moment où elles les mènent, l'efficacité de leurs combats. Par contre, nous pouvons à coup sûr dire que depuis quinze ans une bonne part des avancées diplomatiques ont été portées ou même introduites dans les négociations par des ONG. Ce bilan inattendu et positif nous encourage à poursuivre le combat et à redoubler d'efforts même si, comme nous l'avons souvent entrevu au fil des chapitres de ce livre, nous avons de bonnes chances de nous diriger vers des réflexes et des politiques sécuritaires. Et alors, seul le muscle et les armes auront pignon sur rue pour protéger le dernier carré des nations riches et puissantes. Il sera plus difficile encore de parler ou de rêver de solidarité internationale et de rappeler publiquement les valeurs ou les droits universels, mais ils sera plus que jamais nécessaire de le faire. Avant de conclure, rien ne vaut un petit bilan.

Depuis le début du XVᵉ siècle la mondialisation, dans sa forme moderne, est sur les rails. Elle allait son train de sénateur et, face à des obstacles, par exemple des guerres, elle attendait des jours meilleurs, voire reculait, avant de reprendre sa marche. Les poussées de libéralisme au XIXᵉ siècle, poussées trentenaires disent certains économistes, ont provoqué des réactions protectionnistes sous l'empire de la nécessité. Quoi qu'il en soit, bonne ou mauvaise décennie, le train de la mondialisation avançait. Les acteurs économiques et financiers qui portent le processus, ouvraient des marchés nouveaux, transformaient des biens libres en marchandises, élargissaient la gamme des biens et des services offerts. Depuis la fin de la Seconde Guerre mondiale et la mise en place d'organisations internationales chargées de libéraliser les échanges de capitaux, de biens et de services, le mouvement a pris une autre dimension. Les révolutions technologiques et la chute du mur de Berlin, qui sont en partie liés, ont accéléré une mondialisation financière et économique libérée de toutes contraintes sociales et environnementales. Ce fantastique processus de croissance économique est devenu dans le même temps une machine à détruire le patrimoine commun, converti en marchandises, et à exclure les personnes et les territoires jugés non compétitifs. Le chômage structurel est apparu dans les pays du Nord à la fin des années 1970, alors que se paupérisaient les paysanneries et que grandissaient des périphéries de misère autour des villes des pays du Sud.

Des voix se sont élevées tout au long de ce long processus de mondialisation, mais elles n'ont pu ni arrêter la machine ni même l'obliger à prendre en compte des objectifs sociaux ou environnementaux. Malgré l'accumulation de difficultés depuis la deuxième moitié des années 1970, le triomphalisme des acteurs de la mondialisation battait plus que jamais son plein dans la première moitié des années 1990. Aujourd'hui, le néolibéralisme reste aussi fort mais, au moins, le triomphalisme n'est plus de mise. Dans chaque domaine, des mouvements ou des réseaux d'envergure mondiale, au sein desquels les ONG constituent une force puissante, se sont constitués. D'une part, ces mouvements ont alerté l'opinion publique et participé à l'émergence d'une nouvelle conscience planétaire; d'autre part, ils interagissent avec les diplomaties nationales à l'occasion de toutes les négociations. Les acteurs non gouvernementaux, soucieux de parler de la réalité des problèmes vécus, sont aujourd'hui en mesure d'établir leurs propres statistiques, analyses et propositions. Des observatoires suivent les évolutions et les comportements des acteurs majeurs, les remises en question sont à l'ordre du jour, des alternatives sont proposées. Trois grands courants se sont ainsi confortés ces deux dernières décennies.

Le premier courant, essentiellement animé par la préoccupation de l'environnement mondial, est apparu dans le débat public au cours des années 1960. La prise de conscience des limites de la planète – des limites auxquelles se butaient déjà les grands acteurs économiques – met en cause le mode de développement dominant. Les scientifiques ont fait leur travail dans ce domaine, un travail d'alerte : *halte à la croissance !* disait déjà le Club de Rome en 1972. Les gouvernements se sont fixés des rendez-vous, celui de Stockholm (1972), celui de Rio (1992) et celui de Johannesburg (2002). Depuis trente ans, les ONG ont animé le débat. De grands mouvements comme Greenpeace ou Les Amis de la Terre mais aussi une infinité d'associations locales, des ONG d'environnement mais aussi des associations de toute nature ont dénoncé le saccage de la planète. Pour préparer Rio, mille associations, invitées par le président de la République française et choisies par un comité international en croisant divers critères de représentativité, se sont retrouvées à La Villette pendant trois jours en décembre 1991 pour débattre de propositions consignées dans un rapport intitulé *Les racines du futur*. Ce fut sans doute l'un des premiers rassemblements non gouvernementaux modernes, mais, à cette époque, il ne pouvait pas reposer sur une organisation collective des ONG. Six mois plus tard, en juin 1992, le Forum des ONG a joué un rôle de premier plan dans les avancées du Sommet de la Terre et la signature de l'Agenda 21 et des trois conventions portant sur l'environnement mondial, conventions d'une nature nouvelle en matière de droit international. À Johannesburg, en septembre 2002, les ONG ont de nouveau joué un rôle majeur dans la défense des avancées de Rio et du multilatéralisme, attaqués frontalement par l'administration Bush. Entre-temps, les processus de Kyôto (changements climatiques) et de Carthagène (principe de précaution appliqué aux échanges d'organismes vivants modifiés), ont été aussi grandement poussés par les ONG, et si cette pression a été parfois gagnante, c'est bien sûr parce que les opinions publiques ont manifesté une inquiétude quant aux dégradations de l'environnement, dégradations perceptibles par tous les citoyens dans leurs vies quotidiennes. D'autres batailles se sont révélées difficiles, particulièrement celle, symbolique et fondamentale, des OGM. Si l'Europe maintient toujours une ligne de défense, le front des pays du Sud a cédé sous la pression des multinationales et des États-Unis. Monsanto et le gouvernement Lula célèbrent aujourd'hui de concert les miraculeuses graines de soja transgéniques dans les écoles brésiliennes ! En règle générale, les ONG se sont montrées efficaces et pourtant elles ont eu beaucoup de difficultés dans ce domaine à s'organiser durablement. En France, les collectifs constitués pour les sommets de Rio et de Johannesburg, respectivement le Collectif Environnement développement international (CEDI) et le Collectif Joburg 2002, ont été éphémères : les particularismes de chaque ONG, la dissonance des préoccupations locales et globales, pourtant légitimes et nécessaires les unes et les autres, ont continué de s'affronter et ont paralysé le travail commun. L'écologie politique, même lorsqu'elle n'est pas politicienne, a du mal à se constituer comme mouvement international. Résultat : la bataille est menée par quelques grandes OING internationales très nordistes et peu enracinées dans les réalités sociales et environnementales des pays du Sud. La question environnementale elle-même est donc d'abord considérée comme une préoccupation des pays et des sociétés du Nord. Telle qu'elle s'exprime, elle est souvent tenue comme suspecte par les gouvernements et par les organisations non gouvernementales des pays du Sud.

Le second courant s'attaque en priorité aux drames sociaux et à la négation des droits humains. Ces deux thèmes ont été depuis leurs origines le sujet de prédilection des ONG. Celles-ci agissent et revendiquent d'abord pour défendre des droits et des causes sociales. Leur force est à la fois de tenir les deux extrémités de la chaîne, l'action locale et le respect des droits universels, et de réussir à s'organiser dans des coalitions mondiales autour de positions, de propositions et de revendications simples et claires. Il est vrai que les questions sociales, prises au niveau mondial et détachées du contexte économique posent surtout un problème de financement. Après quatre décennies de développement, décennies perdues comme il est coutume de le dire, les chefs d'État, réunis pour le Sommet du millénaire, ont résumé le débat en s'engageant à atteindre les objectifs du millénaire pour le développement (OMD) : sept objectifs couvrant les principaux domaines sociaux et un objectif consacré à la coopération internationale et à la mobilisation de financements nouveaux. Mais, d'une part, l'absence de liaison entre les OMD et les droits universels et, d'autre part, le traitement de situations sociales dramatiques sans chercher à s'attaquer à leurs causes entraînent une dépolitisation du regard et aboutissent à une thérapie qui repose uniquement sur une action caritative internationale. C'est donc sur le huitième OMD, celui qui concerne la mobilisation des financements – APD, annulation de dettes, taxes internationales –, que les gouvernements des pays du Nord et les ONG portent aujourd'hui leur attention. Ce sera sans doute peine perdue car, malgré l'accumulation de la richesse par les grands acteurs économiques et financiers internationaux, la marge de manœuvre des pouvoirs publics est de plus en plus réduite, mais surtout la pauvreté des pauvres et les fléaux sociaux ne trouveront pas de réponse sur le seul terrain social. Ce n'est pas avec – soyons optimistes ! – 0,7 % du PNB des pays de l'OCDE que l'on pourra financer des politiques sociales mondiales, par exemple un revenu minimum universel. En France, 45 % de la richesse nationale retournent vers l'État sous forme d'impôts pour financer la production des biens publics et permettre des transferts de solidarité. Il faudrait d'ailleurs ajouter les 8 % du PNB qui alimentent les comptes sociaux et permettent de maintenir une sécurité sociale et un système de retraites. Eu égard à l'ampleur des problèmes dits sociaux, les 0,25 %, et même les 0,7 %, du PNB des pays de l'OCDE ne permettront pas de trouver des solutions sociales aux « défaillances » de l'économie. La pauvreté provient en grande partie des processus de paupérisation provoqués par un modèle économique aujourd'hui quasiment universel. Les ONG, qui ont dénoncé les scandales de la faim, de la mortalité infantile, du manque d'accès à l'eau potable et, pour tout dire à la fois, de l'extrême pauvreté, qui ont rappelé les droits universels, notamment les droits économiques et sociaux, et les devoirs de la communauté internationale, qui ont su s'organiser dans des coalitions mondiales et créer des mouvements planétaires, sans abandonner leurs engagements dans des actions locales, ont donc rejoint le troisième grand mouvement, celui qui s'attaque au modèle économique et à la mondialisation.

C'est paradoxalement en février 1998, à l'heure où les entreprises et les investisseurs internationaux devaient célébrer leur triomphe avec la signature de l'Accord multilatéral sur l'investissement (AMI) que la mondialisation dite néolibérale a reçu ses premiers coups de bâton. Le directeur général de l'OMC de l'époque, Renato Ruggiero, n'hésitait pas à dire à la veille de l'heureuse issue espérée : « Nous écrivons la constitution d'une économie mondiale unifiée. » L'AMI se négociait à l'OCDE depuis mai 1995 dans le plus grand secret, c'est-à-dire à l'écart des pays du Sud, des parlements et des organisations citoyennes. Apparemment ni le Congrès américain ni l'Assemblée nationale française n'étaient au courant de la négociation : Jack Lang, alors président de la Commission des Affaires étrangères, a pu dire en décembre 1997 : « Nous ignorons qui négocie quoi au nom de qui ». Et pourtant, cet accord s'apprêtait à donner tous les droits aux entreprises multinationales et toutes les obligations aux États. La publication du texte de l'accord sur le site du *Monde diplomatique* le 1er février 1998 a sorti cette négociation de la clandestinité et les mouvements d'opposition de la confidentialité. L'AMI n'a pas été signé, comme prévu, au cours du printemps 1998. Quelques mois plus tard, naissait l'association ATTAC. En novembre 1999, la convergence d'organisations syndicales, d'ONG et de mouvements citoyens a pu paralyser la conférence ministérielle de l'OMC et faire écho à la mauvaise humeur des délégués des pays du Sud exprimée dans la salle de conférence. L'opinion publique mondiale a pu prendre conscience de l'émergence d'un mouve-

ment s'opposant à un ordre mondial aussi inéga-
litaire. Suivent, d'une part, la liste des grands
rendez-vous contestataires organisés à l'occasion
des réunions statutaires des institutions de Bretton
Woods (FMI, BM et OMC) et du G8 et celle des
réunions plus festives du Forum social mondial de
Pôrto Alegre et de Mumbaï et leurs déclinaisons
régionales, nationales et locales. Quelle que soit la
diversité de ce mouvement dit aujourd'hui altermondialiste, mais le mot est déjà réducteur, ses différentes
composantes ont en commun de questionner ou
de s'attaquer à la machine à libéraliser et à intégrer
les économies. Cette machine de destruction des
barrières et d'intégration des marchés permet aux
innombrables acteurs économiques – grands, petits
et minuscules – de se faire une guerre commerciale
planétaire. Cette bataille, nous en avons à présent
des démonstrations quotidiennes, se conclut par la
victoire des acteurs économiques les plus puissants
et les plus mobiles, ceux qui sont aussi les moins
contraints sur les plans social, environnemental et
fiscal, et donc par la défaite des acteurs les plus
faibles et les plus contraints. Ainsi, se distribuent la
richesse et la pauvreté mondiales. Ainsi, le monde se
polarise toujours plus et se fracture dangereusement.
La plupart des ONG sont engagées dans ce grand
mouvement. Actrices privées, elles rappellent paradoxalement aux autorités gouvernementales leurs
missions de services publics et leur rôle d'arbitre.
Tous proclament qu'un autre, ou même, que
d'autres mondes sont possibles. Certains pensent
que ces mondes doivent se construire en s'appuyant
sur des logiques économiques radicalement nou-

velles, d'autres demandent aux autorités publiques d'obliger les acteurs économiques à reconnaître les droits universels, y compris les droits économiques et sociaux, et à respecter dans leurs stratégie d'entreprise des normes sociales et environnementales. Les deux démarches sont compatibles et même, sans doute, complémentaires. D'un côté, dénoncer, montrer du doigt le moteur de la mondialisation, démontrer que là réside le grand répartiteur mondial des richesses et des pauvretés. D'un autre côté, expérimenter des voies nouvelles, des alternatives. Enfin, proclamer qu'un autre monde est possible, reprendre barre sur le bateau en lui proposant une autre boussole, plus éthique qu'idéologique, qui lui indique un autre cap. Toutes les projections militent pour un changement de cap et tout le monde peut en convenir. Reste à sécuriser la manœuvre et à en dire l'ampleur, qui peut aller du petit coup de barre au demi-tour ! Les ONG ont largement contribué à la renaissance d'une histoire que des esprits, sans doute satisfaits de la trajectoire prise, s'appuyant sur des modèles, comme toujours trafiqués, disaient finie.

Au fil des pages de ce livre, nous avons égrainé les avancées diplomatiques observées depuis une quinzaine d'années et signalé la part prise par les ONG dans ces avancées. Il y a eu en effet quelques victoires, mais, cela n'élude pas les questions plus fondamentales : depuis quinze ans, le monde s'est-il construit ou déconstruit ? N'a-t-on pas plutôt vu le monde se déconstruire sous la pression des acteurs les plus puissants qui préfèrent un rapport de force à un armistice fondé sur la reconnaissance des droits ? Les diplomates ont-ils pu ou voulu réellement faire progresser le droit international ? Les ONG ont fait ce qu'elles ont pu dès lors que les diplomaties rentraient dans des processus formels de négociation. Certes, elles sont rarement équipées pour interférer positivement à toutes les étapes de la longue marche des diplomates. Mais l'essentiel est sans doute qu'elles ont pu participer et faire participer les citoyens de leurs pays à l'émergence de ces trois grands mouvements citoyens – environnemental, social et économique – et à leur convergence. Et c'est heureux car les avancées diplomatiques n'ont de sens que si l'on touche au moteur aujourd'hui central qui construit le monde à sa façon. Dans le contexte de ces rapports de forces planétaires, les ONG, comme toujours, doivent choisir le camp des « handicapés de la démocratie et du marché ». Elles doivent s'efforcer d'aider ceux-ci à conquérir ou à créer un espace politique – celui de la démocratie participative – et un espace économique – celui du développement local – et à s'organiser pour se défendre contre les puissances qui règnent sans partage sur le monde et pilotent le processus de mondialisation.

Enfin, ce choix du camp des faibles entraîne les ONG vers un autre combat majeur, le dernier que nous mentionnerons, celui de la réforme des institutions internationales. Si nous voulons garder la belle idée qui se cache derrière la mondialisation et lui restituer de la diversité, de la solidarité et de la responsabilité, alors il faut repenser la gouvernance mondiale, lui donner un double fondement démocratique à la fois représentatif et participatif, lui permettre de faire respecter un état de droit, y compris dans les jeux qui se mènent au cœur de l'économie et de la finance.

Nous avons abordé cette question de la gouvernance mondiale, elle est déterminante. En face du moteur économique et financier, qui aujourd'hui fait avancer le monde et le précipite vers un mur infranchissable, l'humanité doit se doter d'une gouvernance mondiale, c'est-à-dire d'un volant, d'une carte, d'une boussole, au besoin d'un système de freinage et, allons au bout de l'image, d'une énergie moins polluante. Nous avons besoin d'une gouvernance plus équilibrée entre les nations qui se considèrent comme les copro-priétaires indivis de la planète, mais n'en sont que les colocataires. Nous avons aussi besoin d'une gouvernance plus participative, qui, au-delà de la gouvernance représentative issue du vote de tous les citoyens de ce monde, donne toute sa place aux organisations citoyennes qui s'efforcent de prolonger leur vote par un engagement au service de la construction du monde. Chaque peuple, chaque communauté doit pouvoir dire ses valeurs et défendre ses intérêts et, donc, doit pouvoir choisir et mandater ses représen-tants. Mais, dernière incidente, méfions-nous de cette fausse bonne idée de société globale dont les représen-tants autoproclamés parleraient au nom de l'humanité toute entière. Construire le monde, disions-nous, c'est plus encore : c'est se donner les moyens de faire vivre une solidarité internationale, c'est à la fois transformer les réalités les plus locales qui défigurent l'humanité et élaborer des règles du jeu communes, définies ensemble avec le souci de l'intérêt général. Ce monde ne peut se construire sans les citoyens et ceux-ci ne peuvent participer à l'œuvre de création que s'ils s'organisent.

Le droit centenaire d'association leur en donne les moyens. Utilisons-le sans modération pour dire que, face aux murs qui se dressent devant nous, il n'y a guère d'alternative à la solidarité internationale.

GLOSSAIRE

ABONG	Association brésilienne des ONG
ACI	Acteurs collectifs internationaux de la solidarité internationale
ACP	Afrique-Caraïbe-Pacifique
ADPIC	Aspect des droits de propriété intellectuelle qui touchent au commerce (TRIPS en anglais)
AMI	Accord multilatéral sur l'investissement
APD	Aide publique au développement
ATTAC	Association pour la taxation des transactions pour l'aide aux citoyens
BIDR	Banque internationale de développement et de reconstruction
BM	Banque mondiale
BONGO	*Business organised NGO*
CARE	*Cooperative for American Remittancies Everywhere*
CBJP	Commission brésilienne Justice et Paix

CCFD	Comité catholique contre la faim et pour le développement
CDD	Commission pour le développement durable
CDD	Contrats dette et développement
CEDI	Collectif environnement développement international
CGLU	Cités et gouvernements locaux unis
CICC	Coalition internationale pour une cour criminelle
CICR	Comité international des Croix-Rouges
CIDSE	Coopération internationale pour le développement et la solidarité
CIMADE	Comité inter-département auprès des évacués, aujourd'hui CIMADE - Service œcuménique d'entraide
CIVES	Associaçaõ Brasileira de Empresarios pela cidadania
CIVICUS	*World Alliance for Citizen Participation*
CLM	Fondation Charles Léopold Mayer
CNUCED	Conférence des Nations unies pour le commerce et le développement
CONCORD	Confédération européenne des ONG
CONGAD	Conseil des ONG d'appui au développement (Sénégal)
CPI	Cour pénale internationale
CUT	Centrale unique des travailleurs (Brésil)
DESC	Droits économiques, sociaux et culturels
DONGO	*Donors organised NGO*
DSRP	Documents de stratégie de réduction de la pauvreté
FAO	*Food and Agriculture Organisation*
FMI	Fonds monétaire international

FSM	Forum social mondial
GATT	*General Agreement on Tariffs and Trade*
GCAP	*Global Call against Poverty*
GONGO	*Governmental organised NGO*
HI	Handicap international
IBASE	Institut brésilien d'analyses sociales et économiques
ICBL	*International Campaign to Ban Landmines*
IDEAS	*International Trade Development Economic Governance Advisory Services*
IFI	Institutions financières internationales
MSF	Médecins sans frontières
MST	Mouvement des sans terre
OCDE	Organisation de coopération et de développement économique
OGM	Organismes génétiquement modifiés
OING	Organisation internationale non gouvernementale
OIT	Organisation internationale du travail
OMC	Organisation mondiale du commerce
OMD	Objectifs du millénaire pour le développement
OMS	Organisation mondiale de la santé
ONG	Organisation non gouvernementale
ONU	Organisation des Nations unies
ORD	Organe de règlement des différends
OXFAM	*Oxford committee for famine relief*
PMA	Pays les moins avancés
PNB	Produit national brut
PNUE	Programme des Nations unies pour l'environnement
PPTE	Pays pauvres très endettés

ROPPA	Réseau des organisations paysannes et des producteurs agricoles d'Afrique de l'Ouest
SDN	Société des nations
TPIR	Tribunal pénal international pour le Rwanda
TPIY	Tribunal pénal international pour l'ex-Yougo-slavie
UEMOA	Union économique et monétaire de l'Ouest africain
UNESCO	Organisation des Nations unies pour l'éduca-tion, la science et la culture
UNPCB	Union nationale des producteurs de coton du Burkina Faso
VANI	*Volontary Action Network India*

BIBLIOGRAPHIE

Christophe Aguiton, *Le monde nous appartient*, Fayard, mars 2001.

Helmut Anheier, Mary Kaldor, Maryse Glasius, *Global civil society yearbook*, Sage Publications LTD, octobre 2005.

Fernand Braudel, *Civilisation matérielle, économie et capitalisme XVᵉ au XVIIIᵉ siècle*, 3 tomes, Armand Colin, 1979.

Elie Cohen, *L'ordre économique mondial*, Fayard, 2001.

Samy Cohen, *Les diplomates, Négocier dans un monde chaotique*, Autrement, 2002.

Coordination SUD, *Les ONG dans la tempête mondiale*, Éditions Charles Léopold Mayer, 2004.

Michel Doucin, *Les ONG, acteurs agis des relations internationales*, thèse de doctorat, Université de Bordeaux.

Engagements citoyens dans l'économie, *Les citoyens peuvent-ils changer l'économie*, Éditions Charles Léopold Mayer/Le Monde, 2002.

Brian K. Murphy, « International NGOs and the challenge of modernity », *Development in Practice*, volume 10, nᵒ 3 et 4, août 2000.

Henri Nallet et Hubert Védrine, *Multilatéralisme, une réforme possible*, Fondation Jean Jaurès, septembre 2004.

René Passet, *Éloge du mondialisme par un anti présumé*, Fayard, 2001.

Thierry Pech et Marc-Olivier, *Les multinationales du cœur, les ONG, la politique et le marché*, Collection La République des idées, Seuil, 2004.

Henri Rouillé d'Orfeuil, *Économie, le réveil des citoyens*, La Découverte, 2002.

Philippe Ryfman, *Les ONG*, Collection Repère, La Découverte, 2004.

Revue politique et parlementaire, « Gouvernance mondiale : la nécessaire utopie », n° 1035, avril-mai-juin 2005.

Maëllis Borghèse, Hélène Nieul, Blandine Pons, Francesca Randazzo, Mathilde Renard, Marion Weinspach, *Rôles des ONG dans le débat public et la négociation internationale*, Rapport de l'IEP, juin 2004.

On pourra aussi consulter le site de Coordination SUD (www.coordinationsud.org), le portail des ONG françaises de solidarité internationale.

COORDONNÉES DES MAISONS D'ÉDITION PARTICIPANTES

Éditions de l'Atelier
Bernard STEPHAN
12, rue Sœur-Rosalie
75013 Paris – France
editions.atelier@wanadoo.fr
Tél + (33) 1 44.08.95.14 / portable 06 30 25 28 63 /
fax + (33) 1 44.08.95.00

Éditions Charles Léopold Mayer
Agnès CLAEYS et Aline DURIEZ JABLONKA
38 rue Saint-Sabin
75011 Paris – France
Tél. +(33) 1 43 14 75 73 / portable 06 76 53 14 54 /
fax +(33) 1 43 14 75 99
agnesc@eclm.fr et aline.jablonka@eclm.fr

Éditions Ecosociété
Julie MONGEAU
Case postale 32052 - Succursale les Atriums
Montréal QC H2L 4Y5 – Canada
dominique.caouette@umontreal.ca
Tél. + (1) 514 521 09 75 / fax + (1) 514 521 12 83
jmongeau@ecosociete.org

Éditions en bas
Jean RICHARD
Case postale 3041000
Lausanne 17 – Suisse
enbas@bluewin.ch
Tél. + (41) 21 323 39 18 / portable (41) 78 608 46 81 /
fax + (41) 21 312 32 40

Éditions Ganndal
Yaya Satina DIALLO
BP 542
Conakry – République de Guinée
ganndal@afribone.net.gn
Tél. + (224) 11 21 23 50 / portable : + (224) 11 21 23 50 /
fax. + (224) 46 35 07

Éditions Jamana
Hamidou KONATE
Hamdallaye, avenue Cheik Zayed porte 2694
BP 2043
Bamako – Mali
jamana@jamana.org
tél: +(229) 221 62 89 / fax: + (223) 221 76 39 /
portable : 675 14 92

Presses Universitaires d'Afrique
Serge DONTCHUENG KOUAM
BP 8106
Yaoundé – Cameroun
tél. + (237) 222 00 30 / portable (237) 770 50 40 /
fax + (237) 222 23 25
aes@iccnet.cm

Éditions Ruisseaux d'Afrique
Béatrice LALINON GBADO
04 BP 1154
c/2186 Kindonou
Cotonou – Bénin
tél. fax + (229) 38 31 86 / portable + (229) 94 79 25
ruisseau@nakayo.leland.bj

Éditions du Silence
Auguste MOUSSIROU-MOUYAMA
292, avenue du Colonel Parent
BP 13822
Libreville - Gabon
Tél : 00 241 06 23 97 97
moussiroumouyama@yahoo.fr

Tarik Éditions
Bichr BENNANI
321, Route d'El Jadida / Appt 213
Casablanca – Maroc
tarik.edition@wanadoo.net.ma
tél. + (212) 22 25 90 07 / fax + (212) 22 23 23 50 /
portable + (212) 61 13 53 56

Alliance des éditeurs indépendants
Alexandre TIPHAGNE
38, rue Saint-Sabin
75011 Paris - France
atiphagne@alliance-editeurs.org
Tel. 00 33 (0)1 43 14 73 67 / Fax 00 33 (0)1 43 14 73 63

Achevé d'imprimer en février 2006
sur les presses de la Nouvelle Imprimerie Laballery
58500 Clamecy
Nº d'éditeur : 5786 – Nº fab. : 5943 – Nº d'imprimeur : 602048
Dépôt légal : février 2006
Imprimé en France